NELSON BACIC OLIC

Bacharel e licenciado em Geografia pela Universidade de São Paulo. Foi um dos editores do jornal *Mundo – Geografia e Política Internacional*, autor de livros didáticos e paradidáticos e professor convidado junto à Universidade da Maturidade (PUC-SP).

Olhares sobre o mundo contemporâneo

Geopolítica e meio ambiente

1ª edição
2024

CB019424

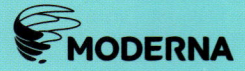

MODERNA

Texto © NELSON BACIC OLIC, 2024
Ilustração © FABIO CORAZZA, 2024

DIREÇÃO EDITORIAL Maristela Petrili de Almeida Leite
COORDENAÇÃO DE EDIÇÃO DE TEXTO Marília Mendes
EDIÇÃO DE TEXTO Giovanna Di Stasi, Lisabeth Bansi
PESQUISA E TEXTOS COMPLEMENTARES Castello Consultoria Editorial, Fabio Luis Barbosa
COORDENAÇÃO DE EDIÇÃO DE ARTE Camila Fiorenza
PROJETO GRÁFICO E DIAGRAMAÇÃO Michele Figueredo
CAPA E ABERTURAS Caio Cardoso
ILUSTRAÇÕES DE CAPA E MIOLO Fabio Corazza
COORDENAÇÃO DE ICONOGRAFIA Luciano Baneza Gabarron
PESQUISA ICONOGRÁFICA Márcia Mendonça, Carol Böck
CARTOGRAFIA Alessandro Passos da Costa, Anderson de Andrade Pimentel,
Fernando José Ferreira
COORDENAÇÃO DE REVISÃO Rafael Gustavo Spigel
REVISÃO Nair Hitomi Kayo
COORDENAÇÃO DE *BUREAU* Everton L. de Oliveira
TRATAMENTO DE IMAGENS Joel Bezerra
PRÉ-IMPRESSÃO Ricardo Rodrigues, Vitória Sousa
PRODUÇÃO INDUSTRIAL Wendell Monteiro (Gerência), Gisely Iácono (coordenação),
Fernanda Dias, Renee Figueiredo, Silas Oliveira, Vanessa Siegl (produção),
Cristiane de Araújo, Eduardo de Souza, Tatiane B. Dias (PCP)
IMPRESSÃO E ACABAMENTO Log&Print Gráfica, Dados Variáveis e Logística S.A.
Lote: 794588
Código: 120009377

Dados Internacionais de Catalogação na Publicação (CIP)
(Câmara Brasileira do Livro, SP, Brasil)

Olic, Nelson Bacic
Olhares sobre o mundo contemporâneo : geopolítica
e meio ambiente / Nelson Bacic Olic – 1. ed. – São Paulo:
Santillana Educação, 2024. (Polêmica)

ISBN 978-85-527-2928-0

1. Cultura 2. Geografia política 3. Geopolítica
4. Meio ambiente 5. Política internacional 6. Política mundial
7. Relações internacionais. I. Título. II. Série.

24-194445   CDD-320.12

Índices para catálogo sistemático:

1. Geopolítica 320.12

Cibele Maria Dias - Bibliotecária - CRB-8/9427

EDITORA MODERNA LTDA.
Rua Padre Adelino, 758 – Quarta Parada
São Paulo – SP – Brasil – CEP 03303-904
Vendas e atendimento: Tel. (11) 2790-1300
www.moderna.com.br
2024
Impresso no Brasil

Para Lara, Cecília e Pedro, netos
queridos, luzes no final da vida...

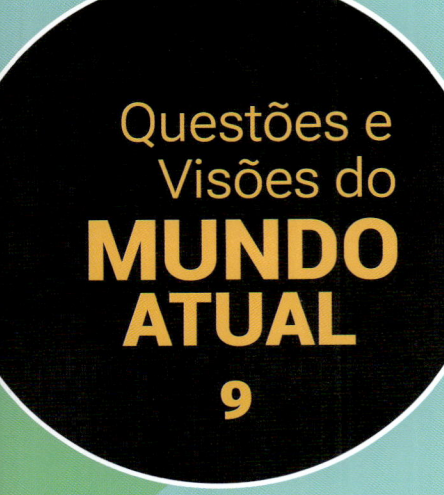

Questões e Visões do MUNDO ATUAL

9

Sumário

Aquarelas
BRASILEIRAS
123

Introdução

Esta coletânea de textos do saudoso autor, geógrafo e especialista em geopolítica Nelson Bacic Olic é o resultado de seu trabalho em obras anteriores – *Retratos do mundo contemporâneo* (2008), *Mundo contemporâneo*: Geopolítica, meio ambiente, cultura (2010) e *Visões geopolíticas do mundo atual* (2017). Estes livros guardam temáticas semelhantes entre si, embora com temporalidades diferentes. A releitura dessas obras e a atualização dos temas pertinentes à atualidade permitem um diagnóstico dos principais temas que estão presentes nos dias de hoje. Ressaltamos a complexidade das sociedades em um mundo controverso, globalizado e marcado pelas peculiaridades locais, regionais, nacionais e global.

Conflitos antigos ressurgem, novos problemas se impõem, disputas são acirradas e as relações internacionais ganham mais complexidade. Em períodos extremamente curtos e em uma velocidade vertiginosa, somos informados do desenrolar dos problemas contemporâneos e suas consequências para os atores envolvidos e, também, para a população do nosso planeta. O tempo torna-se escasso e, muitas vezes, não permite que tenhamos a compreensão e dimensão dos fatos que se sucedem, por vezes imprevisíveis, outras vezes já anunciados nos mais diferentes pontos do globo. Compreender a dinâmica mundial e seus aspectos geopolíticos é imperioso, e os mais relevantes assuntos são trabalhados pelo autor. Uma equipe de especialistas se uniu para dar continuidade à expressiva obra do professor Nelson.

Em meio ao bombardeio diário de informações, as causas dos conflitos, das tensões, disputas, e problemas das mais diferentes ordens, travestidos na geopolítica, requerem uma análise feita de maneira fácil, direta e precisa, levando os leitores à compreensão dos fatos e a se inteirar sobre essas complexas relações do nosso cotidiano, que, sem dúvida, afetam de maneiras diversas a cada um de nós.

Entre os assuntos trabalhados estão o crescimento da direita e do nacionalismo em países da Europa, nos Estados Unidos e no Brasil, o recrudescimento da xenofobia e do racismo, as tensas relações na fronteira entre Estados Unidos e México, o mundo islâmico, as potências asiáticas Índia e China e a relação desta com o continente africano, e as mudanças climáticas, o aquecimento global e as consequências para o planeta e vida que há nele, além de temas recentes, como os resultados do Brexit, os efeitos da pandemia de Covid-19 no Brasil e o estopim da guerra na Ucrânia.

A obra de Nelson Bacic Olic continua, e seu legado está sendo levado à frente para que possamos nos tornar cidadãos mais conscientes e com capacidade de intervir positivamente em nossa realidade.

Questões e Visões do MUNDO ATUAL

A volta do
nacionalismo:
populismo e
autoritarismo

Donald Trump nos Estados Unidos

Quando Donald Trump disse que seria presidente dos Estados Unidos da América, ninguém lhe deu crédito. Não parecia crível que o poderoso bilionário, com um topete loiro bem delineado na cabeça, seria capaz de vencer a máquina partidária de um dos dois principais partidos estadunidenses: o Partido Republicano, de tendência conservadora. Mas Trump estava decidido a vencer todo e qualquer obstáculo para atingir esse objetivo.

Trump fez fortuna com negócios imobiliários, alcançado a soma de mais de um bilhão de dólares. Tornou-se popular com um programa de televisão em que os participantes competiam por um posto em uma de suas empresas. Em cada episódio, concorrentes eram "demitidos" e, muitas vezes, tratados de maneira rude. Embora nascido em uma família abastada, Trump espelhava o ideal do *self made man*, ou seja, de alguém que subiu na vida por seus próprios méritos. Misto de empresário e celebridade, para muitos a sua figura lembrava que o "sonho americano" era possível. O homem vaidoso, mas bem-sucedido, sonhava alto. Queria ser o homem mais poderoso do mundo, o presidente dos Estados Unidos.

Seu slogan de campanha era *Make America Great Again* ou MAGA (em inglês, "Faça a América grandiosa novamente"). Era um chamado para reviver a grandeza passada dos Estados Unidos, que costuma tomar para si o nome do continente. O *slogan* também tinha apelo saudosista, já que outro presidente conservador, Ronald Reagan, se elegeu nos anos 1980 com a campanha *Let's make America great again* (em inglês, "Façamos a América grandiosa novamente"). A campanha de Trump fortificou-se com esse brado e ecoou fundo numa parcela grande da população, que foi lhe dando apoio à medida que ele vencia seus rivais nas primárias do Partido Republicano.

O discurso de Trump realçava a importância do nacionalismo e do resgate do poderio estadunidense, que, segundo ele, vinha perdendo terreno como grande potência econômica militar global. O crescente poderio da China, que se tornou a "fábrica do mundo", acabando com empregos fabris de velhas regiões industriais, foi bradado como uma grande e poderosa ameaça. Detroit, ex-capital da indústria automobilística estadunidense e mundial, vivia dias de decadência desde a chegada dos automóveis asiáticos e a transferência das fábricas para países onde a mão de obra é muito mais barata do que a nacional, como é o caso do México, 7º maior fabricante de carros do mundo e que exporta três quartos de sua produção para os Estados Unidos.

O caminho de Trump para "fazer a América grandiosa novamente" era antes econômico do que militar. No seu entender, as despesas com guerras intermináveis ao redor do mundo sobrecarregavam o orçamento dos Estados Unidos. Nesse sentido, Trump se diferenciou de Reagan ao defender uma postura isolacionista, em oposição ao intervencionismo como caminho para resgatar a dita grandeza americana: os Estados Unidos deveriam cuidar dos próprios problemas antes de se envolver em assuntos alheios.

Trump também defendeu uma postura autocentrada no plano ambiental, colocando a economia à frente de outras questões. Em sua campanha, prometeu reavivar a extração de carvão, já que a desaceleração dessa indústria agravou o desemprego nos Estados Unidos. No entanto, esse combustível fóssil é altamente poluente e um dos grandes vilões do aquecimento global. Coerente com sua proposta, Trump dizia que um dos seus primeiros atos como presidente seria retirar o país do Acordo de Paris de 2015, pelo qual o mundo se comprometia a combater o aquecimento global. E assim o fez.

Outra bandeira levantada por Trump era a punição da imigração ilegal. Milhares de pessoas entram sem autorização no território estadunidense pela fronteira mexicana, vindas também de outras partes da América Latina e do Caribe. Em 2019, havia cerca de 11 milhões de imigrantes ilegais nos Estados Unidos e muitos outros se arriscavam a cruzar a fronteira altamente vigiada em busca de melhores condições de vida. Aos olhos de muitos, esses imigrantes são um sério problema, pois oneram as despesas públicas com saúde e educação, além de concorrerem no mercado de trabalho com os nativos. Para Trump e seus apoiadores, a solução seria a construção de um muro na fronteira entre os dois países, que seria pago pelos mexicanos. Parte desse muro já existe, construído pelos Estados Unidos. Ironicamente, trabalhadores ilegais foram empregados por uma empresa contratada para a tarefa, que, por esse motivo, foi multada em 5 milhões de dólares em 2006.

As palavras de Trump tiveram grande repercussão, principalmente no Meio Oeste. Mesmo com a dificuldade em cumprir suas promessas depois de eleito, seus apoiadores, principalmente os homens brancos que se ressentem dos efeitos da globalização em suas vidas, passaram a ver futuro com a eleição do republicano. A grande maioria estava à margem das conquistas *hi-tech*, tinha medo de perder seus empregos, sentia a decadência de setores históricos da indústria diante da concorrência chinesa, assim como a crescente presença de hispânicos, e ansiava pela volta do carvão, mesmo penalizando o meio ambiente. Sim, a América seria grande de novo! Contrariando expectativas e pesquisas, Trump ganhou as eleições por estreita margem.

Migração e xenofobia na Europa

Na Europa, as levas imigratórias se intensificaram muito nas últimas décadas. Países com conflitos internos e externos em outros continentes expulsam suas populações, as quais se dirigem para o Velho Continente em busca de refúgio. Populações das ex-colônias africanas e asiáticas voltam-se para suas antigas metrópoles à procura de melhores condições de vida. A imigração é essencial para a economia e a demografia europeia. Os países europeus têm população velha, taxas de natalidade baixíssimas e oferecem bons serviços públicos, em especial os nórdicos e os da Europa ocidental.

Os europeus se acostumaram com a segurança trazida pelas políticas do bem-estar social conquistadas no passado, como saúde e educação, de grande abrangência e disponibilizadas para a população. Com o crescimento da imigração, os programas do Estado também passaram a acolher os imigrantes e seus descendentes. Como em outras regiões do planeta, a oferta de empregos tem sido baixa. Em alguns casos, os imigrantes de primeira geração não se integraram às sociedades locais, formando comunidades distintas. Em muitos outros casos, os imigrantes e seus descendentes se integram plenamente e alguns chegam a representar países europeus em competições esportivas internacionais. Apesar disso, a xenofobia, aversão ao estrangeiro, foi se avolumando. Cerca de 22,3 milhões de habitantes da Alemanha são estrangeiros ou têm pais que nasceram no exterior, o que corresponde a mais de 25% da população do país.

Franceses protestam após morte de jovem de 17 anos, filho de imigrantes, por policiais. A morte de Naël foi o estopim para uma série de protestos, pacíficos e violentos, contra xenofobia e violência policial na França.

Vozes de extrema direita se levantaram e passaram a culpar os imigrantes pelas mazelas de seus países, alegando de maneira preconceituosa que os estrangeiros roubam empregos, sobrecarregam o Estado, que lhes dá educação e saúde, ameaçam a cultura e as tradições nacionais com seus valores diferentes dos estabelecidos, entre muitos outros argumentos. De início, ninguém lhes deu muito crédito, mas com a precarização dos serviços públicos, a maior concorrência por postos de trabalho e a crescente presença dos imigrantes, o brado xenófobo foi ganhando espaço. Muitos sentem que a sociedade europeia está ameaçada pela imigração, e o ressurgimento do nacionalismo está relacionado a essa percepção. A xenofobia pode ser um mecanismo compensatório diante de uma existência incerta, já que os direitos sociais estão em baixa e o trabalho é escasso.

O ano de 2015 foi especialmente importante para o recrudescimento da xenofobia europeia. A guerra civil na Síria provocou um grande deslocamento migratório e, embora a maioria esteja nos países vizinhos, como Turquia, Líbano e Iraque, cerca de um milhão deles seguiu para a Europa, para países como Alemanha, Inglaterra e França, as economias europeias mais fortes. Muitos sírios valeram-se da rota balcânica com passagem pela Hungria para chegar à Europa ocidental. Entre os europeus, o crescente número de refugiados foi percebido por amplos setores como uma séria ameaça à coesão das sociedades nacionais. As políticas de arrocho do Banco Central Europeu tornaram a vida dos europeus mais difícil, e, consequentemente, cresceu a aversão à chegada e à presença de imigrantes nos países da Europa, que começaram a disputar com europeus os recursos escassos.

A rota balcânica usada por refugiados.

Hamburgo
ALEMANHA
Frankfurt
Munique
Viena
ÁUSTRIA
HUNGRIA
Belgrado
SÉRVIA
MACEDÔNIA
GRÉCIA
TURQUIA
Atenas

Fonte: Europol.

Aliado ao fator imigração, a globalização não trouxe benefícios para todos. Segmentos da população usufruíram de maior acesso à tecnologia, transportes e bens importados. Setores tradicionais da economia foram sendo esvaziados e muitos viram-se sem possibilidade de emprego, como em antigas áreas fabris inglesas. Parte dos excluídos da globalização na Europa encontraram no discurso nacionalista e xenófobo, com a valorização da cultura e da identidade nacional, uma resposta para a exclusão a que estavam sendo submetidos.

O Brexit

O Reino Unido, em um plebiscito apertado em 2016, votou por se desligar da União Europeia, no chamado Brexit, expressão popularmente utilizada para definir a intenção da saída britânica (em inglês, *British exit*) da União Europeia (UE).

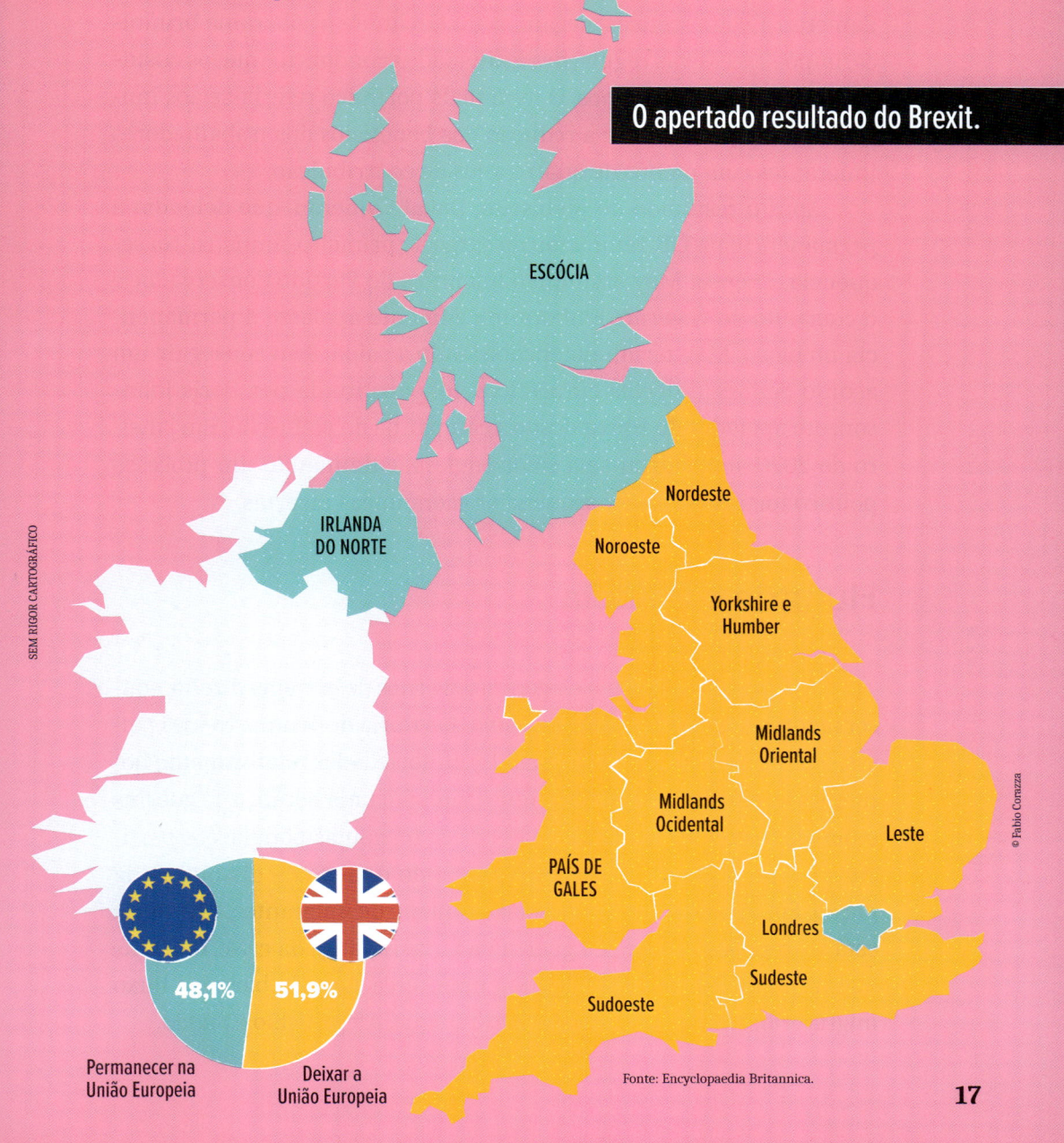

O apertado resultado do Brexit.

ESCÓCIA

IRLANDA DO NORTE

Nordeste

Noroeste

Yorkshire e Humber

Midlands Oriental

Midlands Ocidental

Leste

PAÍS DE GALES

Londres

Sudeste

Sudoeste

48,1% 51,9%

Permanecer na União Europeia

Deixar a União Europeia

SEM RIGOR CARTOGRÁFICO

© Fabio Corazza

Fonte: Encyclopaedia Britannica.

17

A iniciativa do referendo foi uma resposta às pressões dos chamados "eurocéticos", contrários à integração europeia, cujo poder cresceu bastante após a deflagração da crise econômica iniciada em 2008 e que atingiu o núcleo do Partido Conservador do premiê David Cameron. Os eurocéticos alegam que a UE limita a soberania britânica, impõe excessivas regulações à atividade econômica e que os custos não compensam os ganhos. O item mais polêmico referia-se aos imigrantes, especificamente a redução dos benefícios dos trabalhadores imigrantes com menos de quatro anos de contribuição.

Após o resultado do plebiscito, David Cameron, que defendia a permanência na UE, renunciou ao cargo de primeiro-ministro. Na sequência, Theresa May assumiu a liderança do Partido Conservador e o comando do governo. Embora inicialmente apoiasse a permanência no bloco, May terminou encabeçando a saída. Sem conseguir um acordo endossado pelos eurocéticos, foi substituída por Boris Johnson, um apoiador do Brexit desde a campanha do plebiscito. Em janeiro de 2020, formalizou-se a saída inglesa, culminando um processo político tortuoso e de consequências econômicas incertas.

Hungria e Polônia

A Hungria e a Polônia elegeram governos de extrema direita, conservadores e xenófobos, antes mesmo da vitória de Trump. Nesses países, o ultranacionalismo é propalado em sociedades relativamente homogêneas em termos étnicos, o que é também uma herança de guerras e massacres no século XX. Esse histórico tornou as populações particularmente sensíveis a discursos evocando o medo de dissolução da nação. Embora abrigue um número pequeno de imigrantes, a Hungria está na rota da diáspora da guerra da Síria. No auge da crise, em 2015, o governo de Viktor Orbán ergueu uma cerca visando barrar o fluxo migratório, que incluía refugiados do Iraque, Afeganistão e Sudão.

Imigrantes sírios atravessam uma cerca ao entrar na Hungria pela fronteira com a Sérvia, perto de Roszke.

O cerceamento aos imigrantes estrangeiros foi se ampliando, na mesma medida que a xenofobia aumentava. Logo, outras minorias também foram sendo atacadas, como a comunidade LGBTQIA+ e ciganos. Na Polônia, país que foi palco de campos de concentração nazista e hoje é dominantemente católico, o antissemitismo está ressurgindo. Uma controversa lei criminaliza qualquer menção aos poloneses como responsáveis ou cúmplices por crimes nazistas. Na Hungria, até moradores em situação de rua têm sido criminalizados. O discurso de ódio está sendo naturalizado e tem fundamentado o fortalecimento de um Estado autoritário, com perda de direitos e liberdades individuais, e ameaças constantes ao Estado democrático em ambos os países.

Com o fim da esfera de influência da antiga União Soviética, Hungria e Polônia se incorporaram à Organização do Tratado do Atlântico Norte (Otan), uma aliança militar entre os Estados Unidos e a Europa ocidental, forjada na Guerra Fria. Os dois países também se incorporaram à União Europeia, embora ainda não tenham adotado o euro. No entanto, seu padrão de vida é inferior à Europa Ocidental e, como resultado, muitos emigram destes países com governos xenófobos. No outro lado da moeda, o Brexit limitou a presença destes imigrantes. Muitos ingleses voltaram a exercer trabalhos pesados, como pedreiros, antes ocupados por poloneses e romenos. A emigração de muitos jovens, somada a baixas taxas de natalidade, reforçam o receio de um declínio dessas nacionalidades, explorado por políticos de extrema direita.

Rússia, Turquia, Índia e Brasil

Na Rússia, Vladimir Putin comanda o país de maneira autoritária desde o início do século XXI. Após o fim do regime soviético, a liberalização econômica mergulhou a Rússia em uma profunda crise, enquanto máfias assumiram o controle de setores até então estatais. A política ocidental de atração de países que anteriormente estavam na esfera soviética, inclusive para a Otan, agravou o ressentimento entre os russos. Apelando para o nacionalismo, Putin promete levar a Rússia à condição de potência, como na época da URSS, ampliando suas áreas de influência principalmente na Ásia Central e no Oriente Médio.

Na Turquia, Recep Tayyip Erdogan comanda o país desde o começo deste século. Assim como Putin, chegou ao poder pelo voto popular, mas, depois de enfrentar protestos massivos em 2013 e uma tentativa de golpe em 2016, se perpetuou no poder à custa da prisão de adversários e endurecimento do regime.

Na Índia, o líder do nacionalismo hindu, o primeiro-ministro Narendra Modi, viu seu partido obter uma ampla vitória na eleição de 2019, conquistando maioria no parlamento e sua reeleição. Modi aprofundou políticas que pretendem fazer da Índia uma pátria hindu, religião da maioria da população. O principal alvo dessas políticas são os muçulmanos no país, que, segundo estudos, podem chegar a mais de 19% da população geral em 2060 e hoje correspondem a 15%. O discurso do nacionalismo hindu retrata os muçulmanos como invasores. E, no entanto, sua presença é antiga: o Taj Mahal é um mausoléu construído no século XVII por ordem de um imperador muçulmano (o que causa grande desconforto em nacionalistas hindus fundamentalistas). Essa modalidade inflamável de política do ódio, que mistura nacionalismo e religião, acoberta o fechamento de um regime que persegue opositores e promove a violência contra minorias.

Putin, Modi e Erdogan na cúpula do BRICS em 2018.

No Brasil, a eleição de Jair Bolsonaro está inserida nessa lógica. Assim como Trump, Erdogan e Modi, o militar reformado promove, mesmo fora do poder, uma politização violenta do ressentimento social. Seu ponto de apoio é uma realidade excludente, em que as promessas encampadas pela redemocratização brasileira, desde os anos 1980, se frustraram. Ao bradar contra as instituições democráticas, Bolsonaro se mostra como alguém de fora do sistema, embora tenha sido deputado federal por 27 anos. Na campanha de 2018, beneficiou-se da identificação construída entre o Partido dos Trabalhadores e corrupção, para se posicionar como um defensor da moral e dos valores cristãos. Como seus congêneres internacionais, Bolsonaro não disfarça suas convicções autoritárias, revelando descaso pela institucionalidade que permitiu sua própria eleição.

Os valores democráticos em jogo

A eleição de líderes de extrema direita com tendências autoritárias é um fenômeno global. Na parte ocidental do planeta, tanto a Europa quanto o continente americano viram o ideal liberal e democrata do pós-guerra, que permitiu o Estado de bem-estar social na Europa, ser colocado em xeque.

Nos Estados Unidos, Donald Trump não se reelegeu em um país altamente polarizado. O democrata Joe Biden venceu no controverso sistema eleitoral estadunidense, em que cada Estado vale um voto – o que permitiu a vitória de Trump em 2016, mesmo sem ter a maioria dos votos totais. Em 2020, inconformado com a derrota, Trump passou a divulgar pelas redes sociais que as eleições, nos locais em que ele perdeu por uma margem mínima, tinham sido fraudadas, embora não houvesse indícios de que isso de fato ocorrera.

As invasões ao Capitólio (2021) e Congresso Nacional (2023).

© Samuel Corum/Getty Images

© Sergio Lima/AFP/Getty Images

No dia em que o Congresso estadunidense ratificaria a vitória de Biden, em 6 de janeiro de 2021, Trump incitou seus correligionários a marcharem para o Capitólio, onde os congressistas votavam, e exigir que o resultado fosse favorável a ele, alegando fraude. Centenas de pessoas obedeceram ao seu líder e invadiram o Congresso com fúria. A manobra não teve êxito, mas deixou como saldo um morto, centenas de feridos e mais de 860 processos criminais, inclusive contra Trump. Sobretudo, foi um ato que deixou o mundo perplexo e abalou a democracia dos Estados Unidos.

Dois anos depois, uma manifestação comparável aconteceu em Brasília. Em 8 de janeiro de 2023, apoiadores do candidato presidencial derrotado, Jair Bolsonaro, invadiram e depredaram o Congresso Nacional, o Supremo Tribunal Federal e o Palácio do Planalto, sede da Presidência da República. Essa ação criminosa foi protagonizada por seguidores do ex-presidente, que acampavam em frente a quartéis do exército desde que Luiz Inácio Lula da Silva venceu as eleições em novembro de 2022. Descontentes com o resultado, esses militantes de extrema direita reivindicavam uma intervenção militar, evocando um passado ditatorial brasileiro que não tem ponto de comparação nos Estados Unidos. Mais de mil pessoas foram presas nesses atos, que numerosos meios de comunicação descreveram como "terroristas".

Em muitos outros países surgem políticos populares de extrema direita com forte apelo nacionalista, como em Portugal, na França, na Argentina e na Itália. De maneira geral, os que seguem os líderes populistas e os acenos da extrema direita preferem ter as liberdades individuais diminuídas ou cerceadas – garantia dos regimes democráticos – em favor de um Estado autoritário, que lhes dê a sensação de segurança. Eles se sentem ameaçados por inimigos cultivados em discursos de ódio que produzem polarização social. Uma vez no poder, essa política pode levar à perseguição de opositores e minorias, ao descaso com o meio ambiente e ao aumento da violência na sociedade como um todo.

O racismo nos Estados Unidos

Uma série de efemérides ligadas ao encerramento de importantes conflitos ocorridos no mundo foi celebrada em 2020: há 75 anos terminava a Segunda Guerra Mundial (1939-1945); há 45 anos, o fim da Guerra do Vietnã (1964-1975); e há 25 anos o término da Guerra da Bósnia (1992-1995). Um pouco mais distante, deve-se lembrar de que, em 1865, encerrava-se a Guerra da Secessão ou guerra civil americana iniciada em 1861.

Em especial, esse último conflito é considerado por muitos o maior evento bélico da história americana, uma vez que a não desintegração territorial dos Estados Unidos e a vitória do norte industrial foram fundamentais para que o país, décadas mais tarde, se transformasse na maior potência do planeta, condição que usufrui até os dias atuais.

A Guerra da Secessão fez mais de 600 mil mortos e opôs estados do norte aos do sul tendo como foco central do conflito as divergências sobre a questão da abolição do trabalho escravizado no país, já que os nortistas, denominados ianques, defendiam o fim da escravidão, enquanto os sulistas – os confederados – queriam que ela fosse mantida. Depois de quatro longos anos de luta, o norte venceu, evitando a criação dos Estados Confederados da América e, portanto, a divisão do país.

Ao longo da primeira metade do século XIX, as regiões Norte e Sul dos Estados Unidos desenvolveram e consolidaram características bem distintas. A porção norte, que recebia um grande contingente de imigrantes, se utilizou deles como mão de obra assalariada para desenvolver sua crescente atividade industrial. O poderio obtido pela burguesia industrial nortista teve como consequência maior representatividade política desse segmento social, acirrando disputas políticas internas, especialmente após a eleição, em 1861, de Abraham Lincoln, grande defensor do fim da escravidão.

Elaborado pelo autor

Enquanto isso, a região Sul do país desenvolvia um sistema tradicional de produção primária que tinha como base a grande propriedade rural com utilização de mão de obra escravizada. O choque de interesses irreconciliáveis entre a burguesia industrial do Norte e a aristocracia agrária do Sul levou ao desencadeamento do conflito.

A vitória do Norte e a consequente abolição do trabalho escravizado não encerraram a discriminação contra os negros no país. Ao final da Guerra da Secessão, os estados do Sul criaram leis segregacionistas que separavam os lugares e os equipamentos públicos utilizados por negros e brancos. A Suprema Corte deu sustentação a essa legislação com base no princípio "separados, mas iguais". Foi mais ou menos nessa época que surgiu a Ku Klux Klan, uma dentre várias seitas secretas racistas que se notabilizaram por atacar as populações negras.

A primeira vitória dos movimentos civis que lutavam pela igualdade racial aconteceu em 1954, com a derrubada do princípio dos "separados, mas iguais". Em seguida, sob a liderança de Martin Luther King, o movimento conseguiu aprovar a lei dos Direitos Civis, que proibia a discriminação sob qualquer forma ou pretexto. Vale ressaltar que assim como Abraham Lincoln, Martin Luther King foi morto num atentado perpetrado por brancos racistas. A reforma dos direitos civis fez dos negros cidadãos completos, eliminou a segregação da lei, mas isso não bastou para combater a injustiça social, que é a base dessa situação.

Apesar de ao longo do tempo ter surgido uma classe média negra importante e até certo ponto influente, a pobreza e o desemprego continuam até hoje a atingir muito mais a população negra do que outros segmentos raciais do país. A segregação banida das leis subsiste nas práticas sociais do dia a dia. Estudos apontam que instituições como o sistema de justiça, o sistema educacional e o mercado de trabalho estão permeados por regras e procedimentos que reafirmam a discriminação. Em outras palavras, há estruturas que perpetuam o racismo, mesmo quando são operadas por pessoas que não se consideram racistas: isso é o que se conhece como "racismo estrutural".

Um estudo feito pela Universidade de Harvard, em Massachusetts, demonstrou que os negros têm chances três vezes maiores de serem mortos pela polícia. Outra pesquisa, realizada pelo Bureau of Justice Statistics dos Estados Unidos, atestou que, em 2021, a população carcerária estadunidense era formada majoritariamente por afro-americanos: a cada 100 mil negros, 1.186 estavam presos; entre os hispânicos, 619 a cada 100 mil, e entre os brancos, 222 a cada 100 mil. As altas taxas de encarceramento são fruto da pobreza e exclusão em que vivem os negros estadunidenses, num ciclo vicioso difícil de ser rompido.

A violência policial e o movimento Black Lives Matter

O racismo estrutural nos Estados Unidos se evidencia na conduta policial e da justiça. Há muitos casos de negros, desarmados, mortos por policiais brancos que, posteriormente, foram absolvidos em seus julgamentos e apoiados por um importante segmento da população branca estadunidense. Mas também há muita gente lutando para mudar essa situação, tanto negros como brancos.

Em maio de 2020, George Perry Floyd Jr., um homem negro de 46 anos que morava em Minneapolis, no estado de Minnesota, norte dos Estados Unidos, foi abordado pela polícia, após supostamente ter utilizado uma nota falsa de U$20,00 para comprar um maço de cigarros. Mesmo desarmado e sem oferecer resistência, Floyd foi jogado no chão e imobilizado pelo policial Derek Chauvin, que se ajoelhou em seu pescoço. Uma testemunha filmou a agonia de Floyd, que implorava: "Eu não consigo respirar" e, mesmo após a chegada dos paramédicos, Chauvin não removeu seu joelho de Floyd, que a essa altura já estava morto por asfixia.

A divulgação do vídeo pelas redes sociais causou grande comoção em termos nacional e internacional. O assassinato de Floyd somou-se a outros dois assassinatos de negros ocorridos em pouco tempo: Ahmaud Arbery, de 23 anos, morto por civis brancos que o perseguiram enquanto fazia *jogging*, e Breonna Taylor, de 26 anos, morta por policiais dentro de sua própria casa.

A morte de Floyd foi o catalizador para uma série de protestos para além dos Estados Unidos, que seguiram firmes mesmo durante as restrições impostas pela pandemia de Covid-19. Um dos alvos desses protestos foram estátuas e monumentos dedicados a figuras históricas consideradas colonialistas ou escravocratas, como o comerciante de escravos Edward Colston, na Inglaterra, e o bandeirante Borba Gato, no Brasil.

O movimento Black Lives Matter (em inglês, "Vidas negras importam") foi um dos principais impulsionadores das mobilizações. Originado em 2013 como uma *hashtag* para protestos *online* sobre a absolvição do vigilante branco que matou a tiros o adolescente negro Trayvon Martin, na Flórida, o movimento teve reconhecimento internacional no ano seguinte após os assassinatos de Michael Brown, em Ferguson, Missouri, e Eric Garner, na cidade de Nova York. Atuando de maneira descentralizada, o Black Lives Matter milita para evidenciar a discriminação e a desigualdade vivenciadas pelos negros diariamente.

Nos Estados Unidos, é difícil punir policiais envolvidos em mortes pelo uso da força. Isso porque a chamada "imunidade qualificada" impede que policiais e demais funcionários públicos sejam condenados, a menos que "direitos claramente estabelecidos" protejam a vítima. Porém, o conceito desses direitos é obscuro e subjetivo. Contrariando positivamente as expectativas, Derek Chauvin foi condenado a 22 anos de prisão pelo assassinato de George Floyd, sendo o primeiro policial branco a ser condenado no estado de Minnesota.

George Floyd, Trayvon Martin e Eric Garner compõem uma longa lista de negros mortos de forma violenta ao longo de décadas. Essas mortes expõem o racismo estrutural, que sobrevive consciente e inconscientemente nos Estados Unidos e no mundo. No Brasil, seis meses depois de George Floyd, João Alberto Silveira Freitas, negro, foi espancado e sufocado por dois seguranças brancos em um supermercado em Porto Alegre. O crime aconteceu na véspera do Dia da Consciência Negra, que naquele ano de 2020 foi um dia de protestos ao redor do país.

Protestos do movimento BLM nos Estados Unidos e no Brasil.

A **tensa fronteira** entre os **Estados Unidos** e o **México**

A fronteira entre os Estados Unidos e o México é, na atualidade, um dos mais claros limites entre o mundo rico e o mundo pobre. Em quase toda essa faixa fronteiriça, de cerca de 5 mil quilômetros, existe um muro intercalado por trechos de arame farpado, controlado diuturnamente pela guarda de fronteira estadunidense e por sofisticados sistemas eletrônicos, cujo objetivo é limitar a todo custo a entrada de imigrantes ilegais nos Estados Unidos.

A cada dia, milhares de pessoas – especialmente as vindas do México e da América Central – atraídas pela riqueza da maior potência econômica do mundo tentam cruzar essa fronteira em busca de uma nova vida. Os que não conseguem, permanecem na região esperando uma nova oportunidade. Essa situação gerou uma verdadeira "explosão demográfica" no norte do México, já que, além dos próprios mexicanos, multidões de deserdados de quase toda a América Latina e do Caribe para lá se dirigem. Formaram-se assim enormes bolsões de pobreza. Situação semelhante se repete, em menor escala, no lado dos Estados Unidos, como é o caso de Rio Grande City, cidade às margens do rio, no estado do México, em que 29% da população vive abaixo da linha da pobreza.

Analistas preveem que, se o ritmo atual de migração para o norte do México for mantido, por volta de 2035 aproximadamente 40% dos mexicanos viverão nos estados localizados junto à faixa de fronteira. Em 1990, eles não chegavam a 15%.

Esse expressivo crescimento demográfico se explica também pelo fato de que foi nessa área que, nas últimas décadas, se instalaram mais de 2 mil fábricas de empresas estadunidenses, aproveitando especialmente a baixa remuneração da mão de obra mexicana. Conhecidas como *maquiladoras*, muitas dessas unidades fabris se localizam em cidades mexicanas na fronteira, tendo do outro lado uma cidade "gêmea" nos Estados Unidos.

De maneira geral, as *maquiladoras* funcionam da seguinte forma: insumos e peças importadas com isenção fiscal são empregados na montagem de produtos que têm como principal destino os Estados Unidos, país de origem de muitas dessas empresas. A geração de empregos pelas *maquiladoras* e a emigração para os Estados Unidos aparecem como alternativas para a melhoria de renda da população pobre.

O crescimento das *maquiladoras* contribuiu também para a formação de uma dinâmica região industrial no México setentrional, atividade que antes estava quase exclusivamente concentrada na região central do país. Atualmente, o México é o maior exportador da América Latina e a única grande economia da região em que prevalece a exportação de produtos industrializados.

Fronteira México-Estados Unidos: indústrias *maquiladoras*.

Fonte: NOJON, Alain. La frontière États-Unis/Mexique. Diploweb.com, Géopolitique, stratégie, relations internationales et cartes, 7 jan. 2011. Disponível em: https://www.diploweb.com/La-frontiere-Etats-Unis-Mexique.html. Acesso em: 10 abr. 2024

A fronteira é também uma faixa de tensão geopolítica, em razão do tráfico de drogas, armas e dos fluxos de imigração ilegal. Escondidas em fundos falsos de caminhões, caminhonetes e vans viajam toneladas de remédios banidos por lei, sapatos feitos com pele de animais em extinção, armas de todos os tipos, além de heroína, maconha, metanfetamina e cocaína. O combate aos cartéis do narcotráfico é um dos pontos centrais das relações entre México e Estados Unidos.

O tráfico de imigrantes ilegais tornou-se também um problema de segurança nacional no México. Seu "comércio", que movimenta cerca de US$ 13 bilhões anuais, é controlado por máfias com amplas ramificações internacionais. Os "guias" desses imigrantes ilegais, conhecidos como coiotes, chegam a cobrar 10 mil dólares por travessia, mas o negócio tem sido cada vez mais dominado pelo crime organizado. Nas últimas décadas não foram poucos os imigrantes que perderam a vida na tentativa de travessia. Embora parte deles seja capturada pela polícia de fronteira dos Estados Unidos e mandada de volta para o México, estimativas apontam que a cada ano transitam pela fronteira mais de 1 milhão de imigrantes ilegais.

Porém, do lado mexicano, na zona de fronteira, imperam os poderosos cartéis de droga, como Los Zetas e o Cartel de Sinaloa, que plantam, produzem e distribuem as drogas para o maior mercado consumidor do planeta, os Estados Unidos. Acredita-se que eles abasteçam o país vizinho com 90% do total da cocaína consumida. Hoje em dia, detém também o monopólio de metanfetamina e heroína. Nas áreas mexicanas dominadas pelos cartéis, vive-se num verdadeiro faroeste, onde os chefões impõem sua lei e as disputas por territórios são constantes. Desde que o país declarou "guerra às drogas" em 2007, estima-se que, até maio de 2021, cerca de 350 mil pessoas foram assassinadas e mais de 72 mil estão desaparecidas.

O mundo
islâmico

O Islã é a segunda religião com mais adeptos no mundo, depois do cristianismo. Em cerca de 50 países, a maioria da população é muçulmana, embora a religião tenha adeptos em todos os continentes, inclusive na Europa ocidental e nas Américas. A área em que é majoritária a religião islâmica, muçulmana ou maometana corresponde a todos os países do Oriente Médio (à exceção de Israel) e da África do Norte e a parcelas significativas do subcontinente indiano, da Ásia central (inclusive o noroeste da China) e do sudeste asiático (Indonésia e Malásia, principalmente). Além disso, sua influência projeta-se até em alguns espaços da África subsaariana e do sudeste da Europa. Como se vê, apesar de a religião muçulmana ter-se originado no mundo árabe, ela se estendeu muito além dos seus limites.

Fundado no século VII por Maomé em territórios da península Arábica – que atualmente correspondem a terras da Arábia Saudita, onde estão as cidades santas de Meca e Medina –, o islamismo se expandiu rapidamente no processo de conquista e negociação com outros povos. Pouco depois da morte de Maomé, o Islã se dividiu em dois grandes braços: na atualidade, cerca de 90% dos muçulmanos se identificam como sunitas, enquanto os xiitas são maioria no Irã, Iraque, Azerbaijão e Bahrein.

A concepção do islamismo como comunidade religiosa e política fez com que, no passado, frequentemente a liderança política e a religiosa se combinassem numa só instituição governante. A conquista árabe do Oriente Médio e da África do Norte, no século VII, deu-se com a formação do califado omíada; da Europa, no século seguinte, com o califado abássida e com califados secundários (Cairo e Córdoba), no século X. Cerca de quatro séculos mais tarde, os otomanos – após a conquista de amplas áreas do Oriente Médio e da tomada de Constantinopla em 1453 – estabeleceram um novo califado. O domínio de áreas extensas do mundo muçulmano, inclusive aquelas de origem da religião, qualificou o Império Otomano como referência central da comunidade islâmica sunita.

A expansão mercantil e militar europeia, especialmente a partir do século XVI, foi erodindo lentamente as bases de sustentação otomana. Mais tarde, já no início do século XX, quando a República da Turquia veio a substituir o desintegrado Império Otomano, o presidente Mustafa Kemal Atatürk dissolveu a instituição do califado.

No Oriente Médio, os territórios perdidos pelos otomanos, em função dos acordos implementados ao final da Primeira Guerra Mundial, foram divididos e passaram a integrar os domínios coloniais da

O mundo islâmico e os islâmicos do mundo.

Grã-Bretanha e da França. As fronteiras artificiais criadas pelas potências europeias vencedoras do conflito geraram, nas décadas posteriores, Estados frágeis, idealizados segundo modelos ocidentais, estranhos às tradições islâmicas. Essa circunstância contribuiu para que nenhum país tivesse poder ou legitimidade cultural ou religiosa para assumir uma liderança comparável aos califados do passado.

Nos últimos 40 anos, alguns Estados de maioria islâmica têm tentado se apresentar como eventuais líderes desse grupo, que atualmente congrega quase um terço dos países do mundo. Os que têm se "candidatado" para desempenhar esse papel são o Egito, o Paquistão, a Arábia Saudita, o Irã e a Turquia. Todavia, nenhum deles, pelo menos até agora, reuniu as condições geopolíticas para exercer liderança.

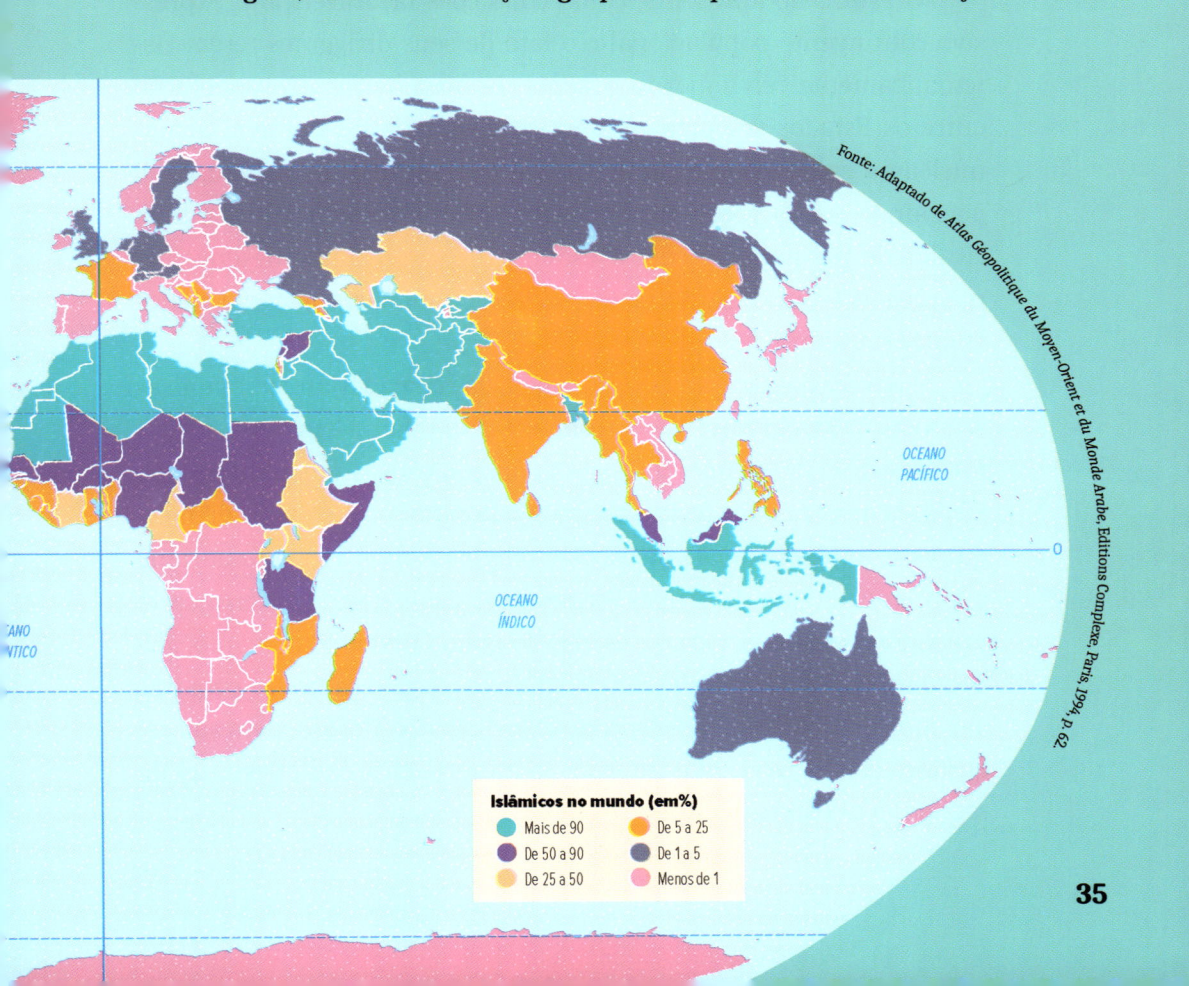

Fonte: Adaptado de Atlas Géopolitique du Moyen-Orient et du Monde Arabe, Éditions Complexe, Paris, 1994, p. 62

Islâmicos no mundo (em%)

- Mais de 90
- De 50 a 90
- De 25 a 50
- De 5 a 25
- De 1 a 5
- Menos de 1

O Egito tem a seu favor o fato de ser árabe, possuir expressiva população, localizar-se nas proximidades do berço do islamismo e ocupar posição geográfica estratégica, constituindo área de contato entre a África do Norte e o Oriente Médio e controlando o canal de Suez. Contudo, pesam contra ele a pobreza, as grandes desigualdades sociais, a dependência econômica e militar em relação tanto aos países árabes ricos em petróleo como ao Ocidente. Os Estados Unidos consideram o Egito um de seus aliados mais importantes e confiáveis no mundo árabe e, por isso, o regime egípcio é olhado com desconfiança por setores de sua própria sociedade como também por vários países islâmicos.

O Paquistão apresenta, como condições favoráveis, um expressivo contingente populacional e o fato de seus dirigentes terem sistematicamente reivindicado o papel de promotores da cooperação entre os Estados islâmicos. É o único desses países que tem armas nucleares, como a bomba atômica. Todavia, assim como o Egito, é um país ainda muito pobre, com graves divisões étnicas internas e uma rivalidade permanente com a Índia, o que o conduz a desenvolver relações especiais com potências não muçulmanas, como os Estados Unidos e a China.

A Arábia Saudita, espaço de origem da religião islâmica, detém as segundas maiores reservas petrolíferas mundiais. Além disso, a ação internacional do regime saudita – apoiando causas muçulmanas tão díspares quanto o fornecimento de ajuda para a construção de mesquitas, a implementação de escolas religiosas na África subsaariana e o financiamento de grupos extremistas islâmicos – conferiu certo prestígio a esse reino quase feudal do golfo Pérsico. Entretanto, sua pequena população e sua vulnerabilidade geográfica fazem com que dependa do Ocidente, especialmente dos Estados Unidos, para sua segurança contra os perigos internos (a minoria xiita e os opositores do regime) e os externos (Iraque e Irã).

O Irã apresenta extensão territorial e população significativas, importantes tradições histórico-culturais e riqueza econômica, em virtude de suas vastas reservas de petróleo. Mas a maioria da população iraniana não é árabe, e sim persa, além de majoritariamente xiita, enquanto a maior parte dos muçulmanos do mundo é sunita. Depois que os fundamentalistas islâmicos chegaram ao poder no Irã, em 1979, as exortações radicais de seu clero, no sentido de expandir a revolução religiosa, assustaram e geraram desconfiança entre os regimes políticos da maioria dos países muçulmanos.

Finalmente, reivindicando a liderança do mundo muçulmano, está a Turquia, herdeira do antigo Império Otomano e que foi uma importante referência do mundo islâmico durante séculos. Além disso, tem a seu favor o fato de ser o único Estado a manter amplos vínculos com muçulmanos dos Bálcãs (Bósnia, Albânia, Bulgária), do Oriente Médio, da África do Norte e das antigas repúblicas soviéticas da Ásia central, como o Turcomenistão.

Contudo, tem contra si a profunda cooperação político-militar com o Ocidente, participando há mais de quarenta anos da Otan e almejando, há décadas, fazer parte da União Europeia. Uma hipotética liderança da república turca tem contra si, ainda, as opções políticas originais do Estado: no final da Primeira Guerra Mundial, quando foi criada em substituição ao Império Otomano que acabara de se desintegrar, o líder dessa transição, Mustafá Kemal Ataturk, conferiu caráter secular ao novo Estado, separando nitidamente o poder político do poder religioso. Assim como Ataturk naquela época, parte significativa da elite turca atual gostaria de ver apagadas as marcas do passado otomano e muçulmano, promovendo a integração do país ao Ocidente. No entanto, em anos recentes, o regime de Erdogan tem reivindicado a herança otomana e o Islã. Exemplo disso, a icônica Hagia Sofia (ver p. 38), transformada em museu por Ataturk em 1934, foi reconvertida em uma mesquita em 2020.

Originalmente uma catedral bizantina, no século XX Hagia Sofia se transformou em um museu muito visitado. Recentemente, este monumento turco foi reconvertido em uma mesquita.

China e Índia: núcleo de duas culturas

O mundo chinês

As raízes da cultura que se identifica como chinesa remontam a cerca de 1500 a.C. Correntes filosóficas e religiosas como o Confucionismo, o Taoismo e o Budismo, distintas daquelas que se difundiram a partir Europa, na América e África, confluíram para conformar uma das entidades culturais mais antigas do mundo.

Atualmente, a presença chinesa se estende por vastos espaços da Ásia Oriental, envolvendo um núcleo central – as doze províncias originais da etnia han – e as províncias periféricas da China comunista, onde existe uma parcela significativa de populações não chinesas (Tibete, Xinjiang e Mongólia Interior). Porém, sob sua influência direta há também Taiwan, uma cidade-estado de população predominantemente chinesa, Cingapura, e as populações chinesas que dominam parcelas consideráveis da economia em países do Sudeste Asiático: Tailândia, Malásia, Indonésia e Filipinas. Finalmente, existem as sociedades não chinesas das duas Coreias e do Vietnã, que compartilham muito da cultura confuciana com a China.

A República Popular da China passou por várias e importantes mudanças nos últimos cinquenta anos. Depois da derrota dos invasores japoneses, no fim da Segunda Guerra Mundial, o país viveu durante quatro anos uma sangrenta guerra civil, que terminou com a vitória comunista em 1949.

Nos anos 1950, a China se definiu como aliada da União Soviética, situação que perdurou apenas até a ruptura entre os dois países socialistas, em 1960. Depois, a China tentou se apresentar no cenário internacional como Estado capaz de liderar os países do Terceiro Mundo, mantendo equidistância das duas superpotências da Guerra Fria.

Nos anos 1970, em razão do insucesso de suas ações internacionais, do isolamento diplomático pelo qual passou e dos atritos de fronteiras com a União Soviética, a China se aproximou dos Estados Unidos. A morte de Mao Tsé-Tung, o "pai" da China comunista, foi a senha para o início de um processo gradativo de abertura econômica, que não se fez acompanhar por maior liberdade política. A abertura econômica empreendida nas décadas de 1980 e 1990 modificou a panorama do país, gerando acúmulo de riquezas e ampliação das desigualdades e tensões sociais.

Com o fim da Guerra Fria, a China fixou-se em dois grandes objetivos. O primeiro deles consiste em promover a cultura chinesa, an-

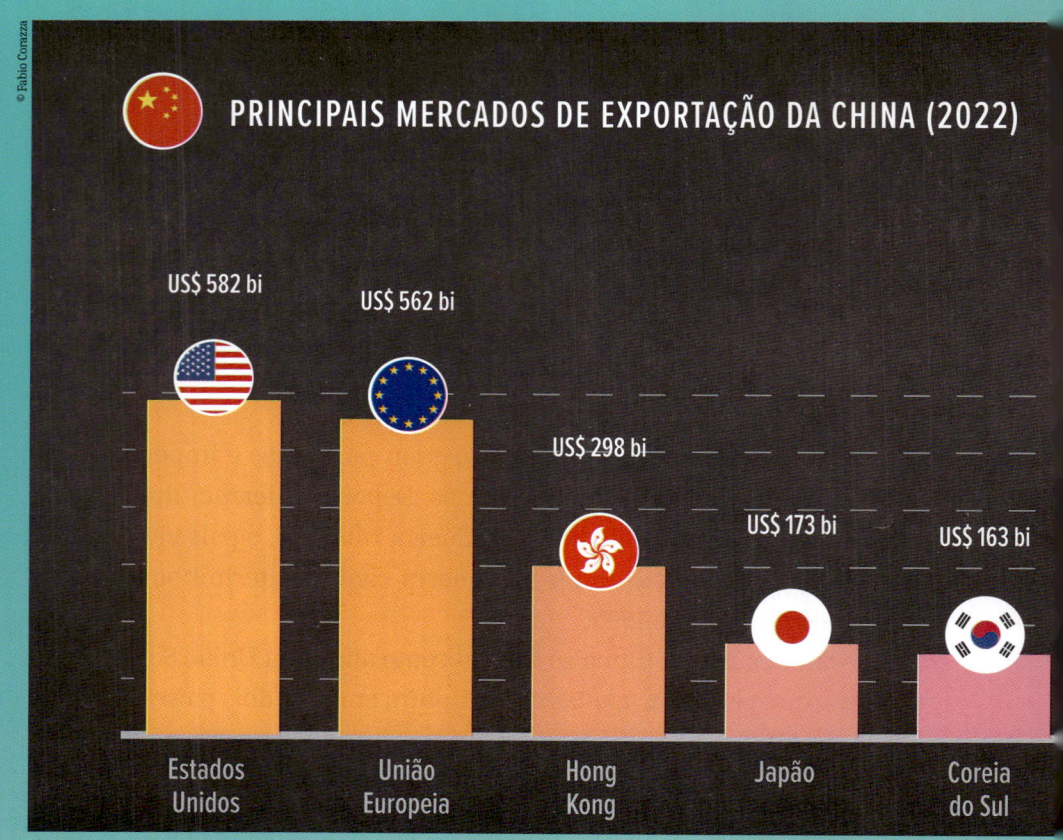

PRINCIPAIS MERCADOS DE EXPORTAÇÃO DA CHINA (2022)

US$ 582 bi — Estados Unidos
US$ 562 bi — União Europeia
US$ 298 bi — Hong Kong
US$ 173 bi — Japão
US$ 163 bi — Coreia do Sul

Fonte: Visual Capitalist.

corada em um nacionalismo marcado pela intervenção ocidental no século XIX e pela ocupação japonesa que atravessou a Segunda Guerra Mundial. O país também se firmou como um polo de atração para as comunidades étnicas chinesas existentes em outros Estados asiáticos. O segundo objetivo seria o de retomar sua posição hegemônica na Ásia Oriental, perdida desde o século XIX.

Por conta de um imenso território, rico em recursos naturais, de seu enorme contingente populacional, de seu contínuo e consistente processo de crescimento econômico e de sua explícita intenção de se tornar a potência hegemônica da Ásia Oriental, a China aparece como um dos principais atores do sistema internacional no século XXI.

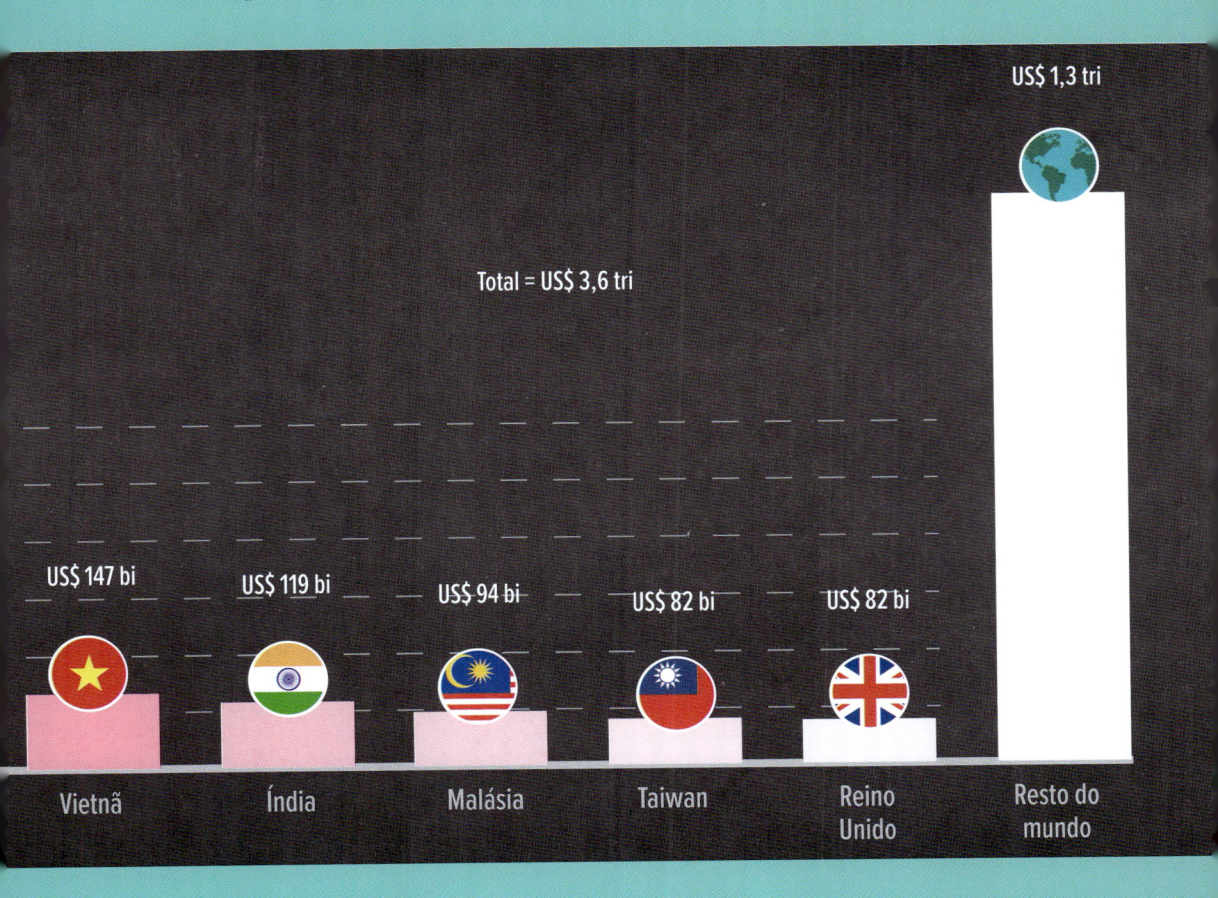

A Índia e o hinduísmo

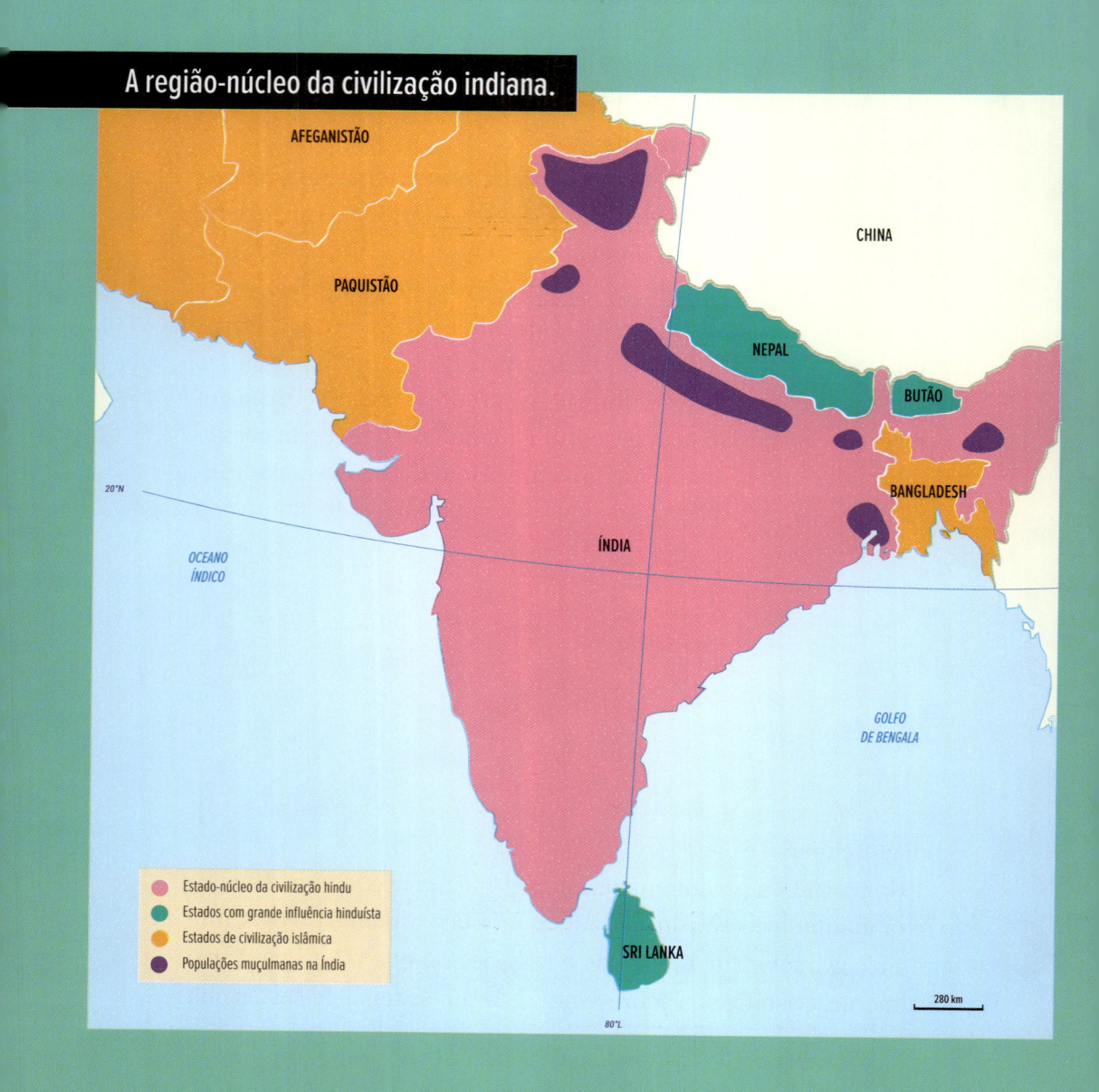

A região-núcleo da civilização indiana.

Legenda:
- Estado-núcleo da civilização hindu
- Estados com grande influência hinduísta
- Estados de civilização islâmica
- Populações muçulmanas na Índia

280 km

A área abrangida pela religião hindu engloba primordialmente a Índia e, em seguida, alguns países vizinhos, como Sri Lanka, Nepal, Butão, Mianmar e Tailândia. Há ainda outros Estados nos quais a religião hindu exerceu alguma influência, como Malásia e Indonésia.

A Península do Indostão, onde se situa a Índia, foi palco de inúmeras invasões e cruzamentos culturais, protagonizados por povos bastante diversos. Esses processos ensejaram uma miscigenação étnica e cultural, resultando num sistema social complexo e, ao mesmo tempo, bastante aberto à incorporação de novas ideias e valores. Um importante elemento unificador dessa complexa formação cultural é o hinduísmo – mais que uma religião com instituições e hierarquias, ele representa um conjunto de ideias filosóficas, práticas rituais e prescrições sociais que modularam uma cultura, mas também o sistema de castas. Sua existência permitiu a manutenção de certa coesão social, em um Estado que historicamente primou pela diversidade étnica, religiosa e cultural. Atualmente, essa pluralidade está ameaçada pelo nacionalismo hindu, que estabelece como critério central de pertencimento à nação (Índia) uma religião (hindu).

O hinduísmo congrega cerca de 80% da população da Índia e convive com uma das maiores comunidades muçulmanas do mundo, formada por mais de 200 milhões de pessoas. O contingente populacional da Índia se aproxima rapidamente do 1,5 bilhão de habitantes e, a partir de abril de 2023, tornou-se a nação mais populosa do planeta, ultrapassando a China, líder populacional por séculos, mas com atual crescimento estagnado.

No passado, a predominância do hinduísmo não foi um obstáculo para manter a coesão do verdadeiro mosaico humano do país, que tem mais grupos étnicos, línguas e religiões do que a Europa. Paradoxalmente, cristalizou a sobrevivência de um sistema de castas que não tem paralelo no mundo.

As castas constituem um sistema de estratificação social que separa as pessoas umas das outras por seus privilégios, preconceito e cultura. Há quatro castas principais, que se ramificam em milhares de subcastas. Apesar de a Constituição interditar a discriminação de casta, elas conservam grande força na organização social, especialmente nas áreas rurais, onde se concentra cerca de 70% da população do país. Esse sistema contribui para as enormes desigualdades socioeconômicas, expressas no contraste entre uma classe média de cerca de 100 milhões de pessoas, que participam de um mercado de consumo moderno, e a imensa maioria da população, vítima da mais crônica pobreza. Na base da sociedade estão os *dalits*, conhecidos como "intocáveis", porque muitos se dedicam a trabalhos considerados impuros, e continuam sendo marginalizados na sociedade indiana, embora a discriminação seja proibida. Nesse sistema, há pouca mobilidade social, uma situação que se pretende mitigar pela implementação de cotas.

Nos últimos anos, a Índia vem apresentando um grande crescimento econômico que não consegue trazer benefícios distribuídos de maneira equânime para sua população. Isso se dá pela presença de empresas transnacionais que se instalaram em seu território, especialmente de tecnologia da informação (TI) e biotecnologia. A Índia é um dos maiores produtores mundiais de *softwares*. Em sua economia em expansão, destacam-se as áreas agrícola, industrial, tecnológica, financeira e de serviços. As empresas estrangeiras são atraídas pela mão de obra numerosa e de baixo custo, em que muitos falam inglês, além do imenso mercado consumidor lá existente.

Tibete: o agitado e estratégico "teto do mundo"

Pessoas que já ouviram falar do Tibete imaginam que ali seja uma área remota, com população mística e exótica, uma espécie de paraíso perdido, o Shangri-lá. Para os geógrafos, o Tibete é o "teto do mundo", área que abriga as mais elevadas regiões planálticas da Terra. Recentemente, o Tibete tem chamado a atenção por conta das revoltas que lá eclodiram contra o governo central do país.

O Tibete histórico é um vasto território frio e árido de cerca de 2,5 milhões de km², com altitude média de 4 mil metros emoldurados por cadeias de montanhas que se estendem ao norte do Himalaia. Povoado há séculos por indivíduos de etnia tibetana, é composto por três regiões (Amdo, Kham e U-Tsang). Em 1965, o governo de Pequim criou a região autônoma chinesa de Xizang, que engloba o U-Tsang e parte de Kham. Com cerca de 3,6 milhões de habitantes, é, por enquanto, a única área do território chinês onde a etnia han não é majoritária, além de Xinjiang, onde a maioria é uigur.

A originalidade cultural dos tibetanos reside não só em sua língua, mas principalmente em suas tradições político-religiosas, ligadas ao grande poder exercido pelos monastérios budistas, muitas vezes rivais entre si.

As relações entre diversos impérios chineses e a região tibetana remetem a um passado atravessado por antagonismos com impérios mongóis. No século XIII, monges tibetanos converteram o líder mongol Kublai Khan ao budismo. No século XVI, as relações com o poder mongol deram origem à linhagem dos Dalai Lama, que atualmente está na 14ª encarnação. Naquele momento, o império mongol já não dominava mais a China, tendo sido suplantado pela dinastia Ming, da etnia han. Há controvérsia se, neste período, as lideranças tibetanas reconheceram a soberania do Império do Centro (como se autodenominava a China de então). O domínio mais efetivo da China sobre o Tibete teve início nas primeiras décadas do século XVIII, sob a dinastia Qing.

Essa situação prevaleceu até 1912, quando, aproveitando a turbulência política resultante da dissolução do Império chinês e da implantação da República, os tibetanos conseguiram sua independência, formando um Estado teocrático budista que existiu até 1950, quando foi ocupado pelas forças chinesas.

Desde então, as relações entre as autoridades chinesas e os tibetanos foram marcadas por momentos de aparente distensão intercalados por outros de aberta confrontação. Primeiramente, a ocupação chinesa foi feita mediante acordos firmados entre Pequim e o Dalai Lama. Todavia, ao implementar estratégias forçadas de integração, o governo chinês desencadeou inicialmente uma resistência pacífica da população tibetana, que em 1959 desembocou em graves distúrbios, duramente reprimidos pelas autoridades chinesas. Essa situação levou o Dalai Lama e milhares de membros da elite tibetana a buscar refúgio na cidade de Dharamsala (Índia), onde foi criado um governo tibetano no exílio.

Na década de 1960, dois eventos mostraram a disposição de Pequim em integrar o Tibete a qualquer custo. Em 1965, numa manobra político-administrativa, grande parte do território identificado com o "Tibete histórico" foi atribuído às províncias vizinhas de Gansu, Qinghai, Sichuan e Yunan. No restante do território tibetano histórico, o governo chinês criou a província autônoma de Xizang. É este espaço geográfico que identifica o Tibete nos mapas atuais.

Um ano depois teve início a Revolução Cultural, que desencadeou uma furiosa repressão contra monastérios e monges tibetanos. Passado o "furor revolucionário", o governo passou a ter como estratégia a busca de uma certa estabilização política para a região, com a concessão de alguma liberdade religiosa e do compromisso com a elite budista.

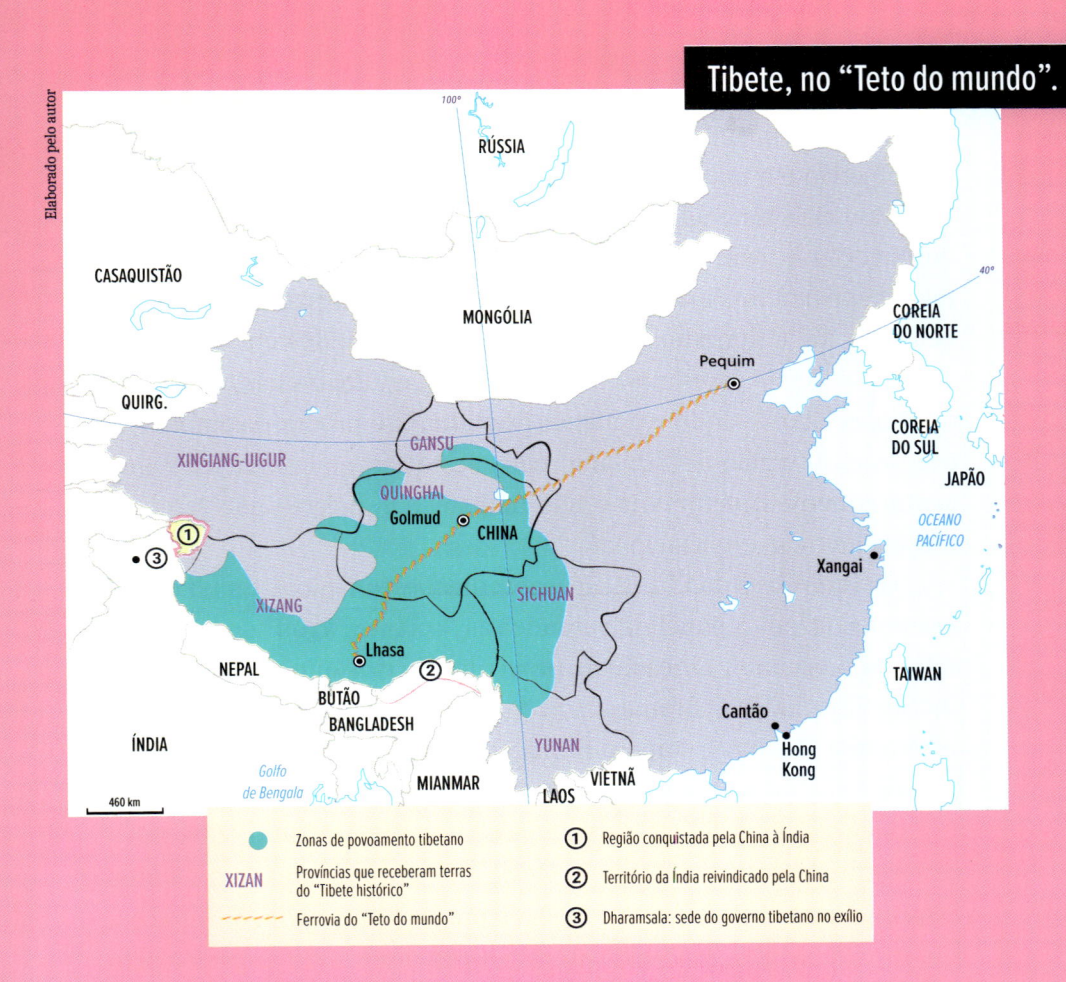

Tibete, no "Teto do mundo".

🔵	Zonas de povoamento tibetano	①	Região conquistada pela China à Índia
XIZAN	Províncias que receberam terras do "Tibete histórico"	②	Território da Índia reivindicado pela China
〰️	Ferrovia do "Teto do mundo"	③	Dharamsala: sede do governo tibetano no exílio

Todavia, essa estratégia veio acompanhada de outra, ligada ao estímulo do governo em promover a colonização do Tibete por chineses han, etnia majoritária do país. Os han são 92% do total da população da China, enquanto os tibetanos são apenas uma (a nona mais populosa) das 55 minorias étnicas reconhecidas por Pequim. Essa estratégia ganhou maior impulso com a conclusão, em 2006, da ferrovia do "teto do mundo", que passou a conectar Pequim à capital do Tibete.

A resistência, que muitos designam como um "genocídio cultural" promovido pelas autoridades chinesas, apresenta duas vertentes principais. Uma delas tem um caráter mais passivo, não violento.

47

Inspirada nos princípios do budismo, tem como líder o Dalai Lama. Seu objetivo é a maior autonomia possível, mais ou menos no estilo "um país, dois sistemas", como o aplicado em 1997 para Hong Kong. A outra vertente, bem menos conhecida, que objetiva independência total, fez apelos à luta armada, com uma guerrilha amplamente apoiada pela CIA, até a aproximação entre os Estados Unidos e a China nos anos 1970. Sejam esses movimentos bem-sucedidos ou não, uma coisa é certa: o Tibete é cada vez menos tibetano. Um processo comparável acontece na região de Xinjiang; mas, neste caso, a população é majoritariamente muçulmana e não budista, e a questão não recebe a mesma atenção internacional.

Os interesses da China são, sobretudo, estratégicos. Os planaltos tibetanos fazem o papel de verdadeiras "caixas-d'água" da Ásia meridional e oriental. Ali estão as nascentes de rios que correm para a Índia e Bangladesh (Bramaputra) e para o Sudeste Asiático (Saluem, Irriwady e Mekong), como o Huang-Ho e o Yang-Tsé, os dois principais rios chineses.

Além disso, o Tibete permite aos chineses desfrutar uma posição dominante sobre a longa fronteira que o país possui com a Índia. Pequim ainda hoje contesta o traçado das fronteiras com o Nepal e a Índia (a linha Mac-Mahon), que considera terem sido impostas pelo imperialismo britânico no século XIX.

A presença **chinesa** na **África**

No início da década de 2020, o crescimento médio do PIB da maioria dos países da África girou entre 4% e 5% ao ano. É verdade que o crescimento econômico africano desse período se fez sobre uma base inicial bem pequena, o que ajuda a entender seu ritmo acelerado. Mas a expansão reflete, antes de tudo, o papel da China como investidor e parceiro comercial dos países da África.

As ligações da China com a África, que têm raízes seculares, começaram a se intensificar após a Revolução Chinesa de 1949. Na década seguinte, que coincidiu com a expansão dos movimentos de libertação dos países africanos contra o jugo das potências coloniais europeias, a natureza da cooperação era política e militar. Nesse contexto, vários movimentos de libertação receberam apoio ideológico e material em suas lutas pela independência.

Na África, a China tinha o objetivo de impedir o reconhecimento de Taiwan, sua "província rebelde", como país independente. A estratégia foi bem-sucedida, já que, em 1971, o apoio de muitos países africanos foi crucial para que o governo da China assumisse a cadeira de membro permanente do Conselho de Segurança da ONU, até então ocupada pelo governo de Taiwan.

A ruptura política da China com a União Soviética (1960) e, na sequência, a Revolução Cultural (1966-1976) isolaram a China no cenário internacional. Foi durante a década de 1960 que o governo chinês passou a considerar os soviéticos a principal ameaça à sua segurança, o que conduziria à aproximação com os Estados Unidos, na primeira metade dos anos 1970.

O início da década de 1980 marcou um radical ponto de inflexão na política externa chinesa, como reflexo das reformas econômicas deflagradas pelo novo líder do regime comunista, Deng Xiaoping. A abertura para o mundo exterior, batizada de "economia socialista de mercado", destinava-se a integrar a China aos fluxos mundiais da globalização. Naquele período, a China priorizou sua agenda interna de reformas econômicas, enquanto o continente africano enfrentava crises econômicas sucessivas e a propagação de conflitos internos em vários países. Estas tensões foram aguçadas pelos efeitos sociais das políticas neoliberais. De fato, nos primórdios da chamada globalização, a África Subsaariana experimentou um processo de deterioração de sua posição no comércio internacional e permaneceu à margem dos fluxos de investimentos estrangeiros.

Quando a maioria dos países africanos não endossou sanções à China após o massacre da praça da Paz Celestial em 1989, a potência asiática compreendeu a importância estratégica deste continente no sistema ONU. A perda de autossuficiência em diversos recursos naturais durante a década de 1990 também contribuiu para o interesse chinês pela África. Em 1996, o presidente chinês Jiang Zemin viajou ao continente africano e expôs uma proposta de cinco pontos, que estabelecia os termos de uma nova relação da China com a região. Segundo o líder chinês, a parceria se apoiaria no respeito à integridade territorial e à soberania nacional, nos princípios da não agressão e da não interferência em assuntos internos de outros Estados, em vantagens econômicas mútuas e igualitárias. Essencialmente, a China estava dizendo que, ao contrário das potências ocidentais, não discriminaria países em função das políticas internas autoritárias de seus governos.

Dez anos exatos depois da visita, realizou-se a Cúpula Sino-Africana, que reuniu em Pequim, na China, a quase totalidade dos governantes africanos com dirigentes chineses. São muitas as razões do grande interesse dos chineses no continente. Primeiramente, para manter o ritmo de crescimento de sua economia, o governo chinês necessita importar crescentes quantidades de matérias-primas minerais, especialmente energéticas (petróleo), abundantes na África. A China também precisa vender as mercadorias que produz em mercados consumidores em expansão, como é o caso do africano, assim como investir seu capital excedente.

A China oferece aos países africanos um "pacote" de investimentos em infraestrutura como forma de pagamento pelos recursos naturais extraídos, e faz empréstimos com prazos mais alongados e juros mais baixos que os oferecidos pelas potências ocidentais. Mesmo que a maioria dos investimentos em estradas, ferrovias, portos e dutos seja voltada principalmente à exploração de diversos recursos naturais, por todo o continente os chineses investiram na construção de escolas, hospitais, usinas, estádios de futebol, palácios de governo. Daí, a presença da China em quase todos os recantos do continente africano.

Em 2018, durante o Fórum de Cooperação China-África (FOCAC), criado em 2000, foi inaugurada a representação da União Africana (UA) em Pequim e, no mesmo evento, o governo chinês decidiu também formular em conjunto um plano de cooperação em infraestrutura China-África com a UA, para ser incluído ao Programa de Desenvolvimento de Infraestruturas na África (PIDA), lançado em 2010.

Mas essa cooperação não é "igualitária" e muitos analistas falam num singular "neocolonialismo" chinês na África. Ou seja: existe a percepção de que as relações da China com países africanos reproduzem assimetrias que caracterizavam o colonialismo, mas com mecanismos distintos. Por exemplo, a relação gera endividamento dos Estados africanos, e as empresas chinesas na África utilizam-se, muitas vezes, de trabalhadores importados da China, em detrimento da mão de obra local. Além disso, a China tem sido criticada pelo apoio prestado a regimes que violam sistematicamente os direitos humanos, como é o caso do Sudão.

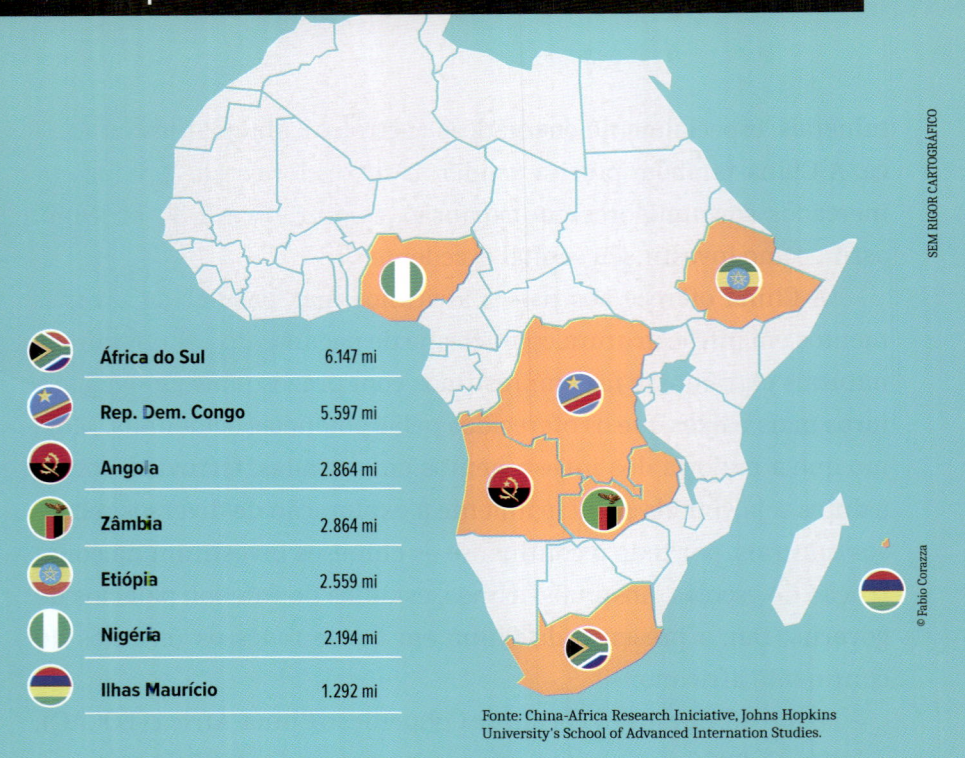

SEM RIGOR CARTOGRÁFICO

© Fabio Corazza

África do Sul	6.147 mi
Rep. Dem. Congo	5.597 mi
Angola	2.864 mi
Zâmbia	2.864 mi
Etiópia	2.559 mi
Nigéria	2.194 mi
Ilhas Maurício	1.292 mi

Fonte: China-Africa Research Iniciative, Johns Hopkins University's School of Advanced Internation Studies.

A China tem sido uma das principais provedoras de investimentos para infraestrutura e na exploração de matérias-primas para exportação, principalmente para consumo próprio. Nos últimos dez anos, o país se tornou o principal investidor estrangeiro na África, desbancando os Estados Unidos. Mesmo assim, os principais estrangeiros proprietários de ativos no continente ainda são França e Inglaterra, antigas metrópoles coloniais.

Para alguns países africanos, a crescente presença econômica chinesa parece significar novas oportunidades. Todavia, a história mostra que depender exclusivamente da exportação de *commodities* não é suficiente para a promoção do desenvolvimento econômico de longo prazo em economias periféricas. Sem uma transformação nas estruturas produtivas para setores de maior valor agregado, os atuais ganhos representarão apenas um breve episódio de sucesso econômico incrustado numa trajetória mais longa de espoliação do continente africano.

Afeganistão: entre a **Guerra Fria** e o **Emirado Islâmico**

Situado em pleno coração da Ásia central, o Afeganistão é uma espécie de mosaico natural e cultural e reúne características de três áreas asiáticas com as quais tem contato: o Oriente Médio, através do Irã; o subcontinente indiano, graças ao contato com o vizinho Paquistão; e a própria Ásia central, onde possui fronteiras comuns com o Turcomenistão, o Uzbequistão e o Tadjiquistão, que até 1991 faziam parte da extinta União Soviética.

Com cerca de 650 mil quilômetros quadrados (aproximadamente duas vezes o tamanho do Maranhão) e sem saída para o mar, o território afegão possui relevo extremamente acidentado. Cerca de dois terços do país encontram-se acima de 1.800 metros, e apenas 10% a altitudes inferiores a 600 metros.

Montanhas, planícies e depressões aparecem com grande irregularidade em todo o território. A principal cordilheira é a do Hindu-Kush, com cerca de 600 quilômetros de extensão, e cujas maiores altitudes, localizadas nas fronteiras com o Tadjiquistão e o Paquistão, superam sete mil metros.

Assim como se atribui ao mito de que o inverno russo, personificado como "General Inverno", foi responsável pela derrota de Napoleão na invasão à Rússia czarista no século XIX e a vitória soviética sobre Hitler na Segunda Guerra Mundial, criou-se o mito de que a aspereza do relevo afegão teria sido fator crucial para a derrota de invasores externos, como os britânicos (século XIX) e os soviéticos (década de 1980), narrativa que ignora a perícia militar afegã.

Outro aspecto que chama a atenção no país é o predomínio de climas desérticos e semiáridos. Com exceção da porção ocidental, junto às fronteiras com o Irã, nenhuma outra área recebe mais que 500 milímetros de chuvas anuais. Curiosamente, o Afeganistão possui uma expressiva rede hidrográfica, que é alimentada pelo degelo das altas montanhas recobertas por neves eternas. É ainda significativo o fato de que, à exceção do rio Cabul, que corta a capital afegã e é afluente da margem direita do rio Indo (o mais importante do Paquistão), todos os demais cursos fluviais do país deságuam em lagos ou mares fechados.

Afeganistão: no centro do continente asiático.

Elaborado pelo autor

Radiografia étnica

Dada sua localização geográfica – em contato com o Oriente Médio, o subcontinente indiano e com a antiga Ásia central soviética – e consideradas as múltiplas influências sofridas ao longo de sua história, o Afeganistão converteu-se numa colcha de retalhos étnica. O único traço aparente de unidade das principais etnias que habitam o país é a religião islâmica, mas esta, por sua vez, apresenta divisão entre os sunitas majoritários e a minoria xiita. Assim, o mosaico étnico afegão é representado, sobretudo, pelos seguintes grupos:

Pashtuns ou **pushtuns**: grupo étnico fundador do Afeganistão, no século XVIII, quando dominou as outras populações e colonizou terras. Durante muito tempo, o termo pashtun foi sinônimo de afegão. O Talibã, embora tentasse exprimir um movimento acima das diferenças de caráter étnico, era formado majoritariamente por pashtuns. Esse grupo étnico corresponde a cerca de 40% da população.

Um número bem maior de pashtuns habita há muito tempo o oeste do Paquistão, onde essa etnia é conhecida como patã. Os pashtuns do Afeganistão, assim como seus "irmãos" étnicos do Paquistão, são muçulmanos sunitas. Muitos sonham com a criação de um país, o Pashtunistão, independente do Afeganistão e do Paquistão. Esse fato reforça mais uma vez o caráter artificial das fronteiras herdadas do colonialismo europeu. Deve-se lembrar que, em 1879, os colonialistas britânicos fixaram a Linha Durand, separando os pashtuns em dois territórios coloniais distintos, os atuais Afeganistão e Paquistão.

Tadjiques: etnicamente próximo aos persas, esse grupo é mais numeroso na porção norte e nordeste, junto à fronteira com a ex-república soviética do Tadjiquistão. Corresponde a cerca de 25% da população do país e é muçulmano sunita. A Aliança Norte, que se opôs ao regime dos talibãs, era formada por grande número de indivíduos dessa etnia.

Hazarás: descendentes de nômades mongóis que se instalaram no atual território afegão no século XIII, são muçulmanos xiitas e falam uma língua de origem persa. Usando como pretexto a luta contra os infiéis, os pashtuns submeteram os hazarás à força no final do século XIX e lhes tomaram as melhores terras. Expulsos de sua área original no centro do país, boa parte dos hazarás acabou se fixando na capital e arredores. Se fosse possível estabelecer uma pirâmide social no Afeganistão, os hazarás ocupariam a base, já que exercem quase sempre os empregos de menor remuneração. Representam aproximadamente 20% da população total do Afeganistão.

Afeganistão: presença de grupos étnicos × controle pelo Talibã, 2021.

PRESENÇA DE GRUPOS ÉTNICOS, 2021
(Distritos)

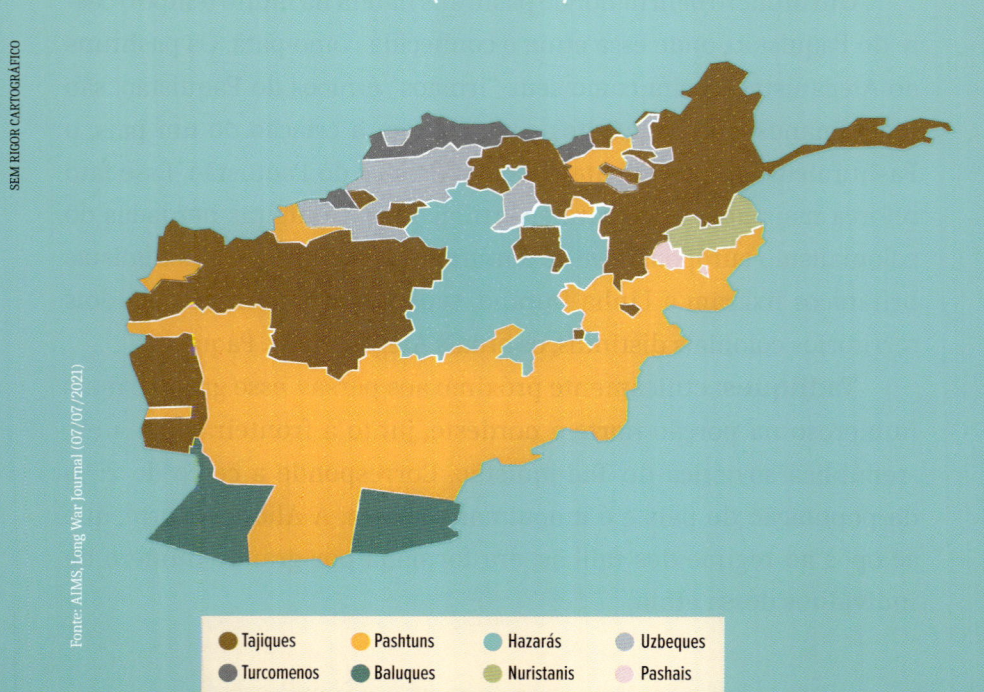

SEM RIGOR CARTOGRÁFICO

Fonte: AIMS, Long War Journal (07/07/2021)

Tajiques · Pashtuns · Hazarás · Uzbeques · Turcomenos · Baluques · Nuristanis · Pashais

Turcófonos: reúnem vários grupos étnicos, como os turcomenos e quirguizes, etnias respectivamente dominantes no Turcomenistão e Quirguistão. Os mais numerosos, no entanto, são os uzbeques, aproximadamente 6% da população afegã, que habita a porção setentrional do país, junto à fronteira com o Uzbequistão. A imensa maioria dos turcófonos é formada por muçulmanos sunitas.

Outros grupos étnicos: o restante da população, cerca de 10% são formados por vários grupos étnicos. Dentre eles destacam- se os aimaks, os nuristanis e os baluques – estes últimos, presentes não só no Afeganistão como no Irã e no Paquistão. Há movimentos que lutam pela criação de um Baluquistão independente, reunindo baluques dos três países.

CONTROLE PELO TALIBÃ NO AFEGANISTÃO, 2021
(Distritos)

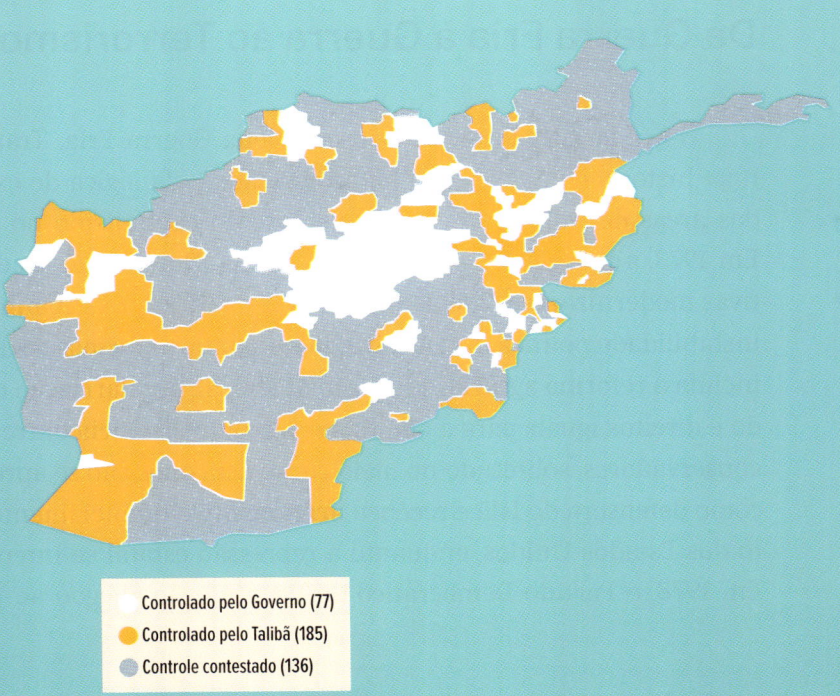

© Fabio Corazza

Controlado pelo Governo (77)
Controlado pelo Talibã (185)
Controle contestado (136)

Para tornar a situação ainda mais complexa, as tradicionais divisões étnicas são acentuadas por rivalidades tribais. Cada afegão sente-se mais ligado a um grupo comunitário, que pode ser uma tribo, um clã ou simplesmente uma grande família.

Comandados por senhores de guerra, esses grupos têm se digladiado na luta pelo poder, quase sempre dominado pela etnia pashtun. Pode-se dizer que é fácil mobilizá-los para a guerra. Mas é quase impossível estabelecer uma unidade entre centenas de líderes comunitários de diversas etnias e correntes islâmicas, muitas vezes com uma longa história de hostilidade entre si.

Os talibãs pretenderam, com algum sucesso inicial, estar acima disso tudo. Mas enfrentaram, desde o início, a oposição de combatentes tadjiques, uzbeques e hazarás que se uniram, apesar das enormes divergências, numa frente única antitalibã, a Aliança do Norte. O suporte dado à Aliança do Norte foi uma das "armas" usada pelos Estados Unidos em 2001 para derrotar de forma mais rápida o Talibã.

Da Guerra Fria à Guerra ao Terrorismo

O drama afegão teve início em plena Guerra Fria. Trata-se de uma história complexa, que foi atravessada pela lógica de expansão das áreas de influência do socialismo e do capitalismo no mundo. Em 1973, a monarquia afegã foi derrubada. No entanto, as expectativas modernizantes associadas à república foram acompanhadas de instabilidade política. A tentativa de implantar reformas sociais, que incluía a reforma agrária, educação universal, secularização do Estado e direitos iguais para as mulheres, gerou resistência entre setores conservadores, sobretudo no meio rural. Esta oposição se apresentou como defensora do Islã e recebeu armamento e financiamento secreto dos Estados Unidos, enquanto a repressão estatal se intensificou. Em 1978, o Partido Democrático do Povo Afegão chegou ao poder e estabeleceu um regime de partido único. A situação se tornou ainda mais complexa quando uma revolução derrubou a ditadura do xá Mohammad Reza Pahlavi no vizinho Irã, mas logo derivou para um regime islâmico.

Foi este o pano de fundo da invasão soviética do Afeganistão em dezembro de 1979. Moscou enviou tropas para apoiar um governo aliado que receava um destino similar ao iraniano. Logo, os soviéticos se viram incapazes de vencer guerrilheiros islâmicos (*mujahedin*), que lutavam uma guerra santa, a *jihad* (luta pelos princípios e valores islâmicos), e eram apoiados pelo serviço secreto estadunidense, a CIA.

Com o passar do tempo, ficou evidente que os soviéticos tinham caído num atoleiro. Em 1989, o Exército Vermelho deixou o Afeganistão. Bastante enfraquecido com a perda do apoio soviético, o governo comunista foi finalmente deposto em 1992. Após o fim do conflito, guerrilheiros lançaram-se na disputa pelo poder. Nessa nova fase de disputa, o território afegão implodiu segundo as linhas da composição populacional do país. Visões distintas sobre o papel do Islã na política e na sociedade opunham extremistas e moderados – Islã este que havia selado a união entre os *mujahedin* durante a invasão soviética. Os chefes das principais facções tentaram formar um governo de coalizão, ponto central do acordo de paz de 1993, mas a experiência fracassou.

A primeira "era" dos talibãs

Na sua origem, o Talibã é uma milícia constituída por *mujahedins* que pretendem estabelecer um Estado baseado em uma interpretação fundamentalista da religião islâmica. A partir de 1994, os talibãs, ou "estudantes de religião", preencheram suas fileiras a partir das escolas corânicas (madraças) estabelecidas nos campos de refugiados do Paquistão. Após a conquista de Cabul, em setembro de 1996, passaram a governar de fato o Afeganistão.

À medida que ganhava poder, o Talibã ampliava também o radicalismo do regime, baseado na *sharia*, a lei islâmica, empenhado que estava em transformar o país numa teocracia islâmica "pura". O regime proibia ouvir música, tirar fotografias, ver televisão, cinema ou vídeo, brincar com bonecas, soltar pipas, raspar a barba e ingerir bebidas alcoólicas. Não permitia que as mulheres trabalhassem, nem que saíssem de casa desacompanhadas de alguém do sexo masculino, nem que expusessem qualquer parte do corpo feminino. A comunidade internacional isolou o regime talibã, mas este foi se fortalecendo internamente.

Ao mesmo tempo, o Talibã rendeu-se ao lucro fácil do narcotráfico. Segundo o Pnucid (Programa das Nações Unidas para o Controle Internacional das Drogas), o Afeganistão tornou-se o maior produtor mundial de ópio em meados dos anos 1990. As culturas de papoula (matéria-prima do ópio e da heroína) encontravam-se em zonas sob o controle dos talibãs, e uma taxa de 20% era cobrada sobre todo o carregamento que deixava o país.

Assim como o Talibã, a Al-Qaeda tem origem nos *mujahedin* financiados e armados pelos Estados Unidos para combater os soviéticos. Muitos destes combatentes vinham de outras partes do mundo islâmico. Esse foi o caso de Osama Bin Laden, um saudita milionário que treinou voluntários internacionais que se engajaram nesse conflito, retratado como uma guerra santa contra o comunismo.

Em 1990, os Estados Unidos ocuparam a Arábia Saudita no contexto da Guerra do Golfo. A cumplicidade da família real com a grande potência mundial foi interpretada por Bin Laden como uma traição à causa islâmica, que a Al-Qaeda passou a reivindicar por meio de ações terroristas em todo o mundo. A seus olhos, os Estados Unidos passaram da condição de aliados a inimigos. Em setembro de 2001, o atentado às Torres Gêmeas e ao Pentágono nos Estados Unidos foi atribuído à Al-Qaeda. Os talibãs se negaram a entregar Bin Laden para que fosse julgado em solo estadunidense; o governo afegão alegava que não havia provas vinculando Bin Laden aos atentados – responsabilidade que só foi assumida três anos depois, em 2004.

O ataque de 11 de setembro de 2001 às Torres Gêmeas do World Trade Center.

As forças anglo-americanas começaram a bombardear o Afeganistão no início de outubro de 2001. A ofensiva ocidental minou a infraestrutura militar do Talibã e fortaleceu a Aliança do Norte que, sempre com o suporte anglo-americano, avançou pelo país até a tomada da capital, Cabul, em meados de novembro. Um governo pró-ocidente foi instalado, e durante duas décadas governos frágeis se sucederam na instável política afegã.

A volta do Talibã

A fragilidade da política afegã foi a tônica nas duas últimas décadas. A presença de tropas estadunidenses manteve os governos pró-ocidente no país, mas os gastos com a guerra no Afeganistão eram enormes, e o desgaste político com o conflito crescia internamente nos Estados Unidos durante os duplos mandatos de George W. Bush e Barak Obama.

O isolacionismo do presidente Donald Trump levou-o a colocar fim nesta questão com a assinatura do Acordo de Doha, em fevereiro de 2020, que definiu um cronograma de retirada da presença estadunidense no país e o fim de sanções impostas aos líderes talibãs, mediante o compromisso de que o Talibã não permitiria que o território afegão fosse usado para planejar ou executar ações que ameaçassem a segurança dos Estados Unidos.

Porém, as promessas de cessar-fogo e acordo pacífico do futuro do país não se concretizaram. Assim que as primeiras tropas estadunidenses foram retiradas, houve o avanço rápido do Talibã, culminando na tomada da capital Cabul e a queda do governo afegão, com a fuga do presidente Ashraf Ghani.

Seguiu-se a saída de milhares de pessoas do Afeganistão, muitas delas ex-colaboracionistas das forças ocidentais. Em poucos dias, o regime Talibã anunciou que o país passava a se chamar Emirado

Islâmico do Afeganistão e que iria seguir a *sharia*. Explosões no aeroporto internacional de Cabul, reivindicadas pelo Estado Islâmico, mataram centenas de pessoas, inclusive militares estadunidenses em retirada.

O retorno tão imediato do Talibã ao poder, após vinte anos de ocupação militar, sugere que a intervenção estadunidense não contribuiu para construir um Afeganistão mais livre e democrático.

A fuga em massa nos aeroportos de Cabul.

As **mudanças climáticas**, uma **ameaça global**

O mundo está passando por um período de aquecimento global acelerado pelos seres humanos. Estamos diante de um cenário de grandes mudanças climáticas. Mas o que são mudanças climáticas? Segundo a ONU, mudanças climáticas incluem variações de temperatura, na intensidade das chuvas e a presença de eventos climáticos extremos, como furacões e ondas de calor. O Painel Intergovernamental de Mudanças Climáticas (IPCC, na sigla em inglês) define mudança climática como uma alteração de longo prazo, tipicamente décadas ou mais, na média e/ou na variabilidade das propriedades do clima.

Atualmente já não se tem mais dúvidas de que a ação antrópica (realizada pelo homem) está contribuindo de forma acelerada para o aumento da temperatura média global. Sabemos que no decorrer da história da Terra houve períodos de aquecimento e de esfriamento, causados por eventos naturais, mas a contribuição das atividades humanas para a emissão de gases causadores do efeito estufa, especialmente o dióxido de carbono, está mais que comprovada.

Em meados do século XVIII, a invenção da máquina a vapor, movida a carvão, remodelou a civilização, primeiro na Europa, e depois se alastrou por todo o planeta. A Europa se industrializou, seguida pelos Estados Unidos e Japão. Na segunda metade do século XX, a industrialização tinha alcançado todos os países do mundo, de forma mais ou menos intensa. Um novo paradigma havia se formado.

OS 10 MAIORES EMISSORES DE CO_2, 1900 E 2020

(Em 100 milhões de toneladas)

91% do total

Posição	País	Emissão em 1900
1	Estados Unidos	6,6
2	Reino Unido	4,2
3	Alemanha	3,3
4	França	1,3
5	Polônia	0,6
6	Bélgica	0,5
7	Rússia	0,5
8	Rep. Tcheca	0,3
9	Áustria	0,3
10	Canadá	0,2
	MUNDO	19,5

74% do total

Posição	País	Emissão em 2020
1	China	106,7
2	Estados Unidos	47,1
3	Índia	24,4
4	Rússia	15,8
5	Japão	10,3
6	Irã	7,5
7	Alemanha	6,4
8	Arábia Saudita	6,3
9	Coreia do Sul	6,0
10	Indonésia	5,9
	MUNDO	319,2

Fonte: Visual Capitalist.

A queima do carvão em larga escala é altamente poluidora, pela liberação de CO_2 na atmosfera e gás metano, este também emitido na agricultura e na produção de combustíveis fósseis. Mais tarde, já no século XX, o carvão perdeu a liderança como a fonte de energia mais usada no mundo para outro combustível fóssil, o petróleo. A partir da década de 1950, a industrialização chegou aos países menos desenvolvidos, além de se expandir nos desenvolvidos e, com isso, o consumo de petróleo disparou.

As mudanças climáticas são uma realidade e já afetam, direta e indiretamente, populações de todos os recantos do planeta. Esse impacto é desigual e seus piores efeitos se concentram nas zonas tropicais, onde ficam os países mais pobres, apesar de estes serem os que, historicamente, emitiram menos carbono para a atmosfera. Um mundo mais quente trará grande variedade de impactos para o meio ambiente, para a saúde humana e para a sociedade. Haverá alterações na duração das estações de crescimento dos vegetais, produção, colheita e também na competição entre espécies animais, levando-as a se deslocarem por longas distâncias em busca de novos hábitats. Muitas espécies correm risco de extinção, como o pequeno roedor *Melomys rubicola*, declarado oficialmente extinto em 2019 pelo governo da Austrália, sendo o primeiro mamífero a sofrer as consequências das mudanças climáticas causadas pelas atividades humanas.

O efeito estufa

A absorção de calor pela atmosfera é um fenômeno natural, pelo qual a vida pode subsistir no planeta. Parte dos raios solares que incidem na superfície terrestre reflete para a atmosfera, enquanto parte é absorvida pela superfície, em especial os oceanos. Graças a esse mecanismo, a temperatura no planeta se mantém, em média, em 15 °C. Se não houvesse o efeito estufa, a temperatura na Terra ficaria por volta de 30 °C mais fria, o que inviabilizaria a vida no planeta.

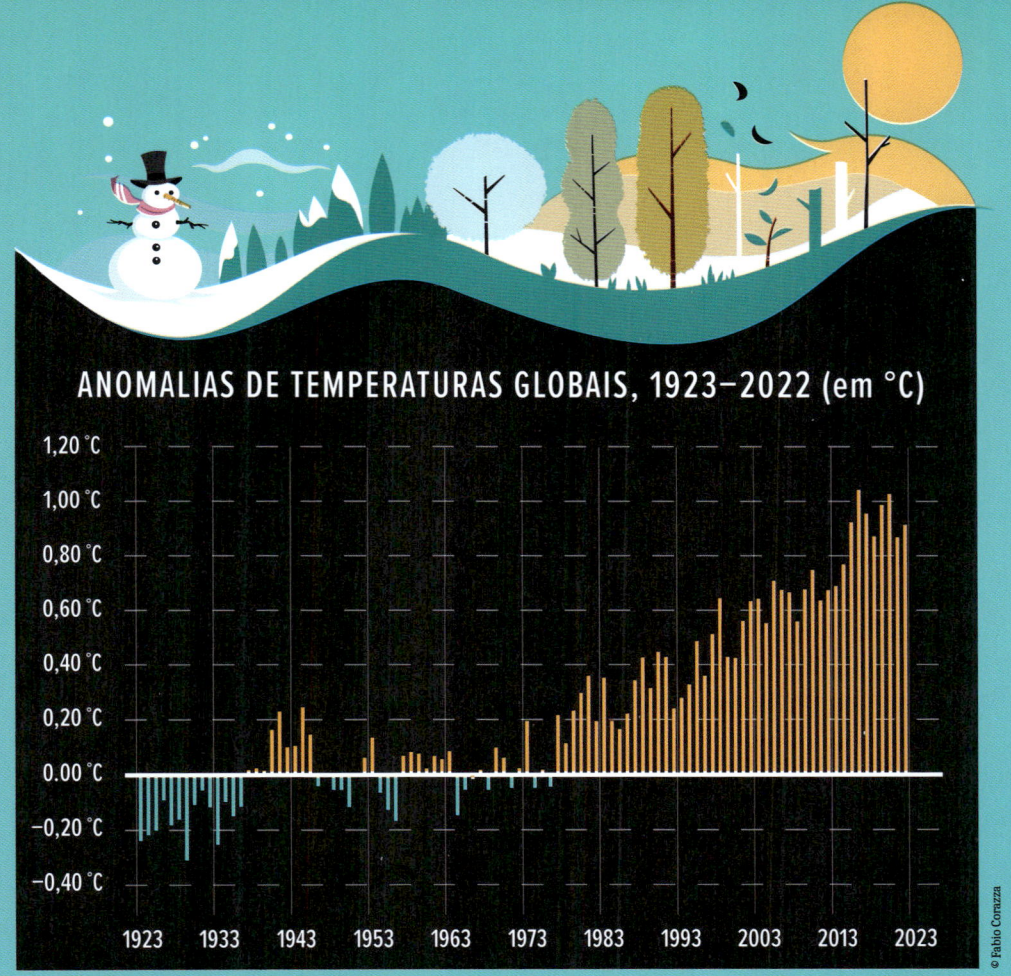

ANOMALIAS DE TEMPERATURAS GLOBAIS, 1923–2022 (em °C)

© Fabio Corazza

Fonte: Administração Nacional Oceânica e Atmosférica (NOAA).

Ao longo da história da Terra, se alternaram períodos mais quentes e mais frios, provocados por fenômenos naturais. Desde a Revolução Industrial, no entanto, vem ocorrendo um aquecimento rápido na atmosfera terrestre, que hoje sabemos ser fruto da ação antrópica. Nas últimas décadas, a emissão de gases de efeito estufa cresceu de maneira nunca vista. Segundo estudos, desde o século XIX, a Terra aqueceu cerca de 1,1 °C, sendo que o aumento de 0,6 °C ocorreu nos últimos 30 anos.

Se as atividades primárias e os desmatamentos geram importantes quantidades de CO_2, sabe-se que cerca de 60% do total das emissões de gases de efeito estufa se origina da queima de combustíveis fósseis, especialmente de petróleo e carvão. O PIB (Produto Interno Bruto), o patamar de industrialização e a matriz energética são aspectos determinantes no nível das emissões dos países.

As evidências do aquecimento global

Uma das principais evidências do aumento da temperatura média terrestre é o derretimento da calota polar ártica, condição que vem se deteriorando desde os anos 1980. As geleiras da Antártida também estão derretendo, fenômeno que vem sendo observado na península do continente gelado. O derretimento das geleiras provoca o aumento dos níveis dos mares, o que é uma ameaça para muitas cidades costeiras e para países atol, como Tuvalu e Kiribati. Estudos mostram que o volume de gelo do Ártico está diminuindo numa razão de 13% por década. Em 2021, pela primeira vez, o pico mais alto da Groenlândia teve chuva em vez de neve. Além disso, a menor salinização das águas oceânicas provoca alterações nas correntes marinhas que circulam pelo globo, podendo alterar drasticamente a dinâmica mundial do clima.

Cobertura de gelo do Ártico em setembro de 2022. A linha amarela representa a média entre os anos de 1981 e 2010.

Sep 18 2022
1981-2010 Avg Min

© Nelson Almeida/AFP/Getty Images

Além do derretimento das calotas polares, eventos extremos e de alto impacto no clima têm sido registados ao redor do mundo com maior frequência e intensidade. Em muitos países, eles afetam milhões de pessoas, com repercussões cada vez mais devastadoras sobre economias e ecossistemas. Assim, temos ondas de calor e frio intensos, aumento de furacões de grande intensidade, secas e chuvas em excesso. Entre 2022 e 2023, numerosos eventos climáticos extremos foram registrados no mundo. A Europa registrou o verão mais quente da história, 1,4 °C a mais do que a média no período de 1991 a 2020. No Brasil, a chuva causou transtornos extremos. Em maio de 2022, a combinação do fenômeno La Niña e das águas aquecidas do norte Atlântico Sul provocaram a maior tragédia do estado de Pernambuco em 50 anos, matando 133 pessoas na Grande Recife. Entre março e abril de 2023, um acumulado histórico atingiu o Litoral Norte de São Paulo, deixando ao menos 40 mortos, 1.730 desalojados e 766 desabrigados.

Uma preocupação mundial

Os cientistas vêm alertando que o aquecimento global pode ter consequências drásticas para o planeta. Em 2015, cerca de 195 países assinaram o Acordo de Paris, comprometendo-se a tomar medidas para impedir que o aquecimento global ultrapassasse 1,5 °C. Em 2017, o então presidente dos Estados Unidos, Donald Trump, alegou que os termos do acordo prejudicavam o país, e o retirou do acordo, mesmo sendo ele o segundo maior poluidor da atmosfera do planeta. Em 2021, o presidente Joe Biden reincorporou os Estados Unidos ao acordo, em um dos primeiros atos como líder, sinalizando um novo comprometimento com a agenda climática. Nesse acordo, os 195 países se comprometeram a reduzir as emissões de gases de efeito estufa para manter o aumento médio de temperatura global bem abaixo de 2 °C, até 2030, quando comparado a níveis pré-industriais. Também haveria esforços conjuntos para manter o aquecimento global em 1,5 °C até essa data.

Em 2021, foi publicado o relatório *Mudança Climática 2021: a Base das Ciências Físicas*, do IPCC, que traz o resultado dos estudos sobre a variação climática. Limitar o aquecimento a 1,5 °C, e evitar impactos ainda mais severos, dependerá das ações tomadas nesta década de 2020. Se antes as mudanças climáticas eram consideradas um fenômeno natural cíclico da Terra, a quantidade de estudos científicos embasou a conclusão do relatório de que o ser humano efetivamente contribui para o aquecimento global. E os impactos da ação humana são alarmantes.

O relatório também alerta que cortes "rápidos e profundos" nas emissões de gases de efeito estufa são necessários para cumprir a meta de 1,5 °C, ou ficar abaixo desse patamar, de aquecimento global. Sem fortalecer as políticas climáticas, as emissões de gases de efeito estufa devem levar a um aquecimento global médio de cerca de 3,2 °C até 2100.

As quatro últimas décadas foram as mais quentes desde 1850. Se a temperatura global terrestre e oceânica anual aumentou a uma taxa média de 0,08 °C por década desde 1880, essa taxa mais do que dobrou desde 1981, quando o ritmo ascendeu a 0,18 °C por década. Os nove anos entre 2014 e 2022 foram os mais quentes dos 143 anos que se tem registro.

O relatório do IPCC aponta que as principais consequências do aumento da temperatura da Terra levarão ao acelerado degelo da região Ártica, do *permafrost*, solo permanentemente gelado das altas latitudes, como no Canadá e na Groenlândia, e o consequente aumento do nível dos mares (que subiu 20 cm entre 1901 e 2018), e mudanças nos ecossistemas marinhos. Os períodos de secas serão maiores e mais intensos, e a quantidade das chuvas também deve aumentar nas regiões de altas latitudes, diminuindo nas regiões subtropicais, como no sul do Brasil. Essas mudanças climáticas afetarão os biomas existentes e a produção de alimentos. Para o Brasil, as perspectivas, entre outros desequilíbrios previstos, são o aumento de períodos de estiagens e secas, que se agravarão com o desmatamento e as queimadas verificadas na Amazônia, Pantanal e no Cerrado.

Os estudos do Programa das Nações Unidas para o Meio Ambiente mostram que as emissões de gases de efeito estufa aumentaram 1,5% ao ano no decorrer da década de 2010. Para se atingir a meta do aquecimento a 1,5 °C, é necessário reduzir as emissões por volta de 7,6% ao ano entre 2020 e 2030.

Mesmo com a diminuição das emissões, a quantidade de gases de efeito estufa na atmosfera é gigantesca, o que significa que o aquecimento continuará por muito tempo. Além do corte na emissão de gases, é necessário retirar esses gases da atmosfera. Uma das soluções é o aumento das florestas e demais biomas, visto que as plantas, para fazerem fotossíntese, utilizam CO_2 e expelem oxigênio. Outra é a captura e armazenamento direto do ar, o que envolve alta tecnologia.

Evidências do aquecimento global em andamento.

Concentrações de CO_2 sem precedentes nos últimos 2 milhões de anos

A última década foi mais quente do que qualquer período nos últimos 125 mil anos

Recuo das geleiras sem precedentes nos últimos 2 mil anos

Nível do mar aumentou mais rápido do que em qualquer século nos últimos 3 mil anos

Cobertura de gelo no verão do Ártico é a menor dos últimos mil anos

Aquecimento oceânico mais rápido do que em qualquer período desde a era do gelo

Acidificação oceânica atingiu o nível mais alto dos últimos 26 mil anos

Fonte: Intergovernmental Panel on Climate Change (IPCC), adaptado de WRI Brasil.

Os maiores poluidores

Os países industrializados são os grandes emissores de gases de efeito estufa, embora os três primeiros colocados sejam China, Estados Unidos e Índia. Estes países são os maiores produtores mundiais de carvão e essa fonte de energia é importante em sua matriz energética. China e Índia são também os países mais populosos do mundo, com quase 1,5 bilhão de pessoas. Em 2023, a Índia ultrapassou a China em número de habitantes. Embora ainda tenha grande população no campo, o êxodo rural em direção às cidades corrobora para o aumento das emissões de gases de efeito estufa em função de mudanças na forma de vida.

O que leva os países a não adotarem medidas efetivas contra o aquecimento global? A matriz energética mundial está centrada no uso do petróleo e do carvão. Embora haja fortes investimentos liderados pela China e Estados Unidos para o uso de energia limpa, como eólica, biomassa, entre outras, não é fácil mudar a matriz energética, podendo esse fato diminuir o crescimento econômico dos países e da economia global. A China, depois de ter sérios problemas com a poluição atmosférica em cidades como Pequim, decidiu-se por grandes programas de redução da poluição causada por combustíveis fósseis, com sucesso. Porém, ela exporta para países asiáticos, como Indonésia, plantas de termoelétricas movidas a carvão. O ar em Nova Délhi, capital da Índia, apresenta péssima qualidade. Além de fazer mal à saúde de seus habitantes, aviões precisam ser desviados pela falta de visibilidade formada pela neblina que a poluição do ar provoca.

A poluição em Nova Délhi, capital da Índia, 2023.

A Europa tem planos ambiciosos para mudar sua matriz energética, livrando-se dos combustíveis fósseis, tornando-se neutra em carbono até 2050. Neutro em carbono significa que a emissão de gases poluentes deve ser compensada pela absorção do carbono de outras maneiras, como o plantio de florestas, já que estas absorvem CO_2. O Brasil tem sua matriz elétrica baseada em fontes limpas (hidráulica e biomassa). No entanto, a expansão do modelo hidrelétrico também tem consequências para o meio ambiente, como o avanço sobre a Amazônia e as terras indígenas, exemplificado pela construção da usina de Belo Monte. Por outro lado, a radiação solar do país é ainda pouco aproveitada para a produção de energia fotovoltaica.

Ainda que 84% de matriz elétrica brasileira seja oriunda de fontes renováveis, contra uma média de 28% do restante do mundo, o país precisa tomar consciência dos impactos das mudanças climáticas, que atingem a todos. Dentre os efeitos esperados, há previsões de que o Sudeste e o Nordeste tenham sérios problemas com a escassez de água, colocando em risco o abastecimento da população e dos sistemas de irrigação. É preciso lembrar que o aquecimento climático desconhece fronteiras. O aquecimento global só pode ser enfrentado por políticas em escala global.

COP26

Em novembro de 2021, cerca de 110 chefes de Estado estiveram em Glasgow, na Escócia, para a COP26, uma conferência global promovida pela ONU que visa controlar efetivamente a emissão de gases de efeito estufa. COP é a sigla de Conferência das Partes, e é o órgão supremo da Convenção-Quadro das Nações Unidas sobre Mudança do Clima. Os chefes de Estado, junto de ONGs, discutiram o futuro do aquecimento global, objetivando um acordo para assegurar a meta do Acordo de Paris de limitar o aquecimento da Terra a 1,5 °C até 2100.

O Pacto pelo Clima de Glasgow – nome formal da decisão aprovada pela COP26 – foi muito mais tímido do que se esperava. Os principais emissores de gases de efeito estufa seriam obrigados a apresentar nos 12 meses seguintes seus planos para atingir as metas do Acordo de Paris. Estava previsto que o acordo traria a eliminação gradual dos combustíveis fósseis, mas, por pressão da China (o maior consumidor mundial de combustíveis fósseis) e dos Estados Unidos (o maior produtor de combustíveis fósseis do planeta), o termo usado foi "redução gradual".

Foram fechados acordos sobre a proteção das florestas, assinado por 105 países, que preveem o fim do desmatamento até 2030. Outro importante acordo é para a redução das emissões de metano, um gás de efeito estufa originado principalmente da agropecuária, pelas plantações de arroz e do gado, ao expelir gases durante a digestão. O metano, no entanto, se decompõe mais rapidamente que os outros gases. Calcula-se que ele se dissiparia em aproximadamente uma década, se as emissões parassem agora.

O então presidente Jair Bolsonaro não esteve entre os chefes de Estado presentes na abertura e nos dois primeiros dias da COP26. Naquele momento, o Brasil vinha sendo acusado de permitir o aumento do desmatamento e de ter uma política pouco favorável ao meio ambiente. Apesar disso, comprometeu-se, junto com os demais países, a zerar o desmatamento até 2030, no acordo para a proteção das florestas em âmbito global. Também assinou o acordo sobre o gás metano, o que afeta a agropecuária, grande pilar da economia nacional.

Outro compromisso assumido pelo Brasil foi o de reduzir em 50% as emissões de gases de efeito estufa, tendo como base o ano de 2005, e alcançar a neutralidade de carbono até 2050, quando as emissões deverão ter sido reduzidas ao máximo. As que passarem desse limite serão compensadas com reflorestamento ou tecnologia de captura de carbono da atmosfera.

Apesar de o Brasil ter se comprometido com essas metas, prevaleceu na comunidade o ceticismo em relação às suas reais intenções. Entre 2020 e 2021, o desempenho ambiental brasileiro foi sofrível, visto que o desmatamento na Amazônia foi o maior em 15 anos, a quantidade de focos de incêndio foi o mais alto registrado em 10 anos e o volume de emissões de gases de efeito estufa atingiu seu maior nível em 14 anos.

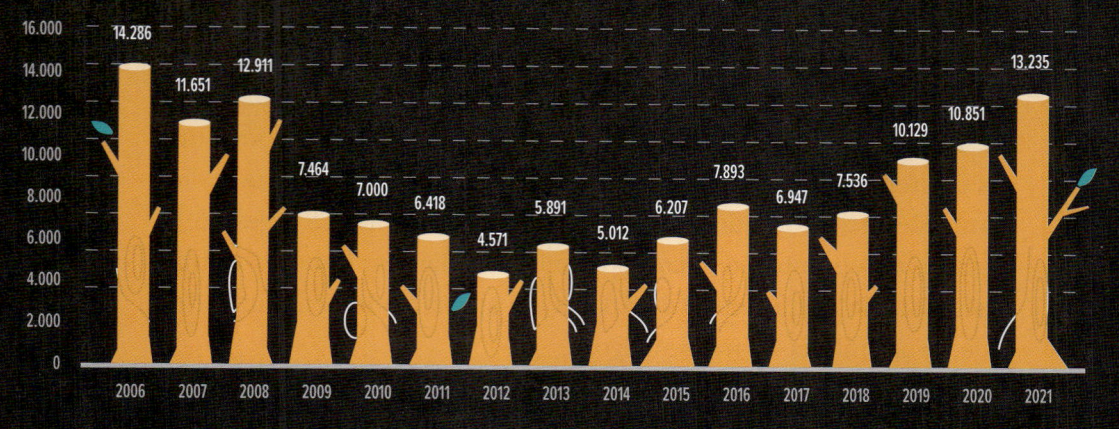

TAXA ANUAL DE DESMATAMENTO NA AMAZÔNIA LEGAL BRASILEIRA (ALB) 2006–2021 (por km²)

Fonte: Instituto Nacional de Pesquisas Espaciais (INPE).

COP27 e a situação do Brasil

Na COP27, realizada em Sharm-el-Sheikh, no Egito, em novembro de 2022, houve sinais de maior comprometimento do país com a agenda climática global. A delegação brasileira foi a segunda mais numerosa e o setor privado compareceu de maneira maciça, o que sugere maior engajamento nas metas de sustentabilidade. Além da energia limpa, o país tem grande potencial nos campos de reciclagem, agroindústria sustentável e mercado de carbono.

O então presidente Jair Bolsonaro decidiu não comparecer. No entanto, o presidente recém-eleito Luís Inácio Lula da Silva participou do encontro, a convite do presidente egípcio Abdel Fatah al-Sissi. Lula anunciou a meta de zerar o desmatamento e a degradação dos biomas brasileiros até 2030, a criação do Ministério dos Povos Originários, e ofereceu o Brasil para sediar a COP30, em 2025.

Oceanos
em **perigo**

Cerca de 71% da superfície do planeta é recoberta por uma imensa massa líquida que alguns chamam de oceano mundial, tradicionalmente dividido em entidades geográficas menores – o Pacífico, o Atlântico, o Índico, o Antártico e o Ártico. Cada um deles engloba diversas porções menores, os mares, delimitados normalmente por ilhas ou por recortes do litoral.

Os oceanos desempenham papel crucial no equilíbrio natural da Terra, especialmente por atuarem como reguladores térmicos. As influências oceânicas diretas sobre as áreas continentais, de maneira geral, não chegam além dos 100 quilômetros da costa. Contudo, é justamente nas áreas distantes até cerca de 60 quilômetros do litoral que se concentra perto de 75% da população mundial. Tudo o que ocorre nos oceanos, inclusive as diversas formas de poluição, interessa, portanto, direta ou indiretamente, à maioria da humanidade.

As grandes extensões de terras imersas, isto é, os fundos oceânicos, podem ser divididos em três zonas principais. A primeira é a plataforma continental, com largura variável e profundidades que, geralmente, não ultrapassam os 200 metros. Nessa zona oceânica, nas últimas décadas, foram descobertas e passaram a ser exploradas importantes jazidas de petróleo, como as do Mar do Norte e da Bacia de Campos, junto ao litoral do Rio de Janeiro.

A segunda zona forma as bacias oceânicas, separadas das plataformas pelos taludes continentais. Com profundidades médias de 3 mil metros, as bacias apresentam declives acentuados e vales profundos, sendo limitadas em sua base pelas regiões abissais. Essa terceira zona constitui a maior parte dos leitos oceânicos, exibindo profundidades médias de 5 a 7 mil metros, mas podendo ter fossas marítimas, como a das Marianas (Oceano Pacífico), que ultrapassa 11 mil metros. As regiões abissais são atravessadas pelas dorsais oceânicas, verdadeiras cadeias de montanhas submersas. Os maiores picos das dorsais oceânicas emergem formando ilhas e arquipélagos, como acontece, por exemplo, no Caribe e na Oceania.

Os oceanos são locais de passagem, de contatos comerciais e culturais e também fontes de recursos bastante diversificados. A tradicional atividade pesqueira e a extração do petróleo têm se verificado de forma cada vez mais intensa. Em razão da importância econômica dessas riquezas, a exploração dos espaços marítimos constitui, cada vez mais, objeto de competição internacional.

De maneira geral, os Estados mais poderosos – justamente os que detêm os meios mais eficazes para explorar os recursos marinhos – são favoráveis a um regime de ampla e total liberdade de exploração dessas riquezas. Por outro lado, Estados menos desenvolvidos tentam tirar proveito de sua situação geográfica no sentido de estabelecer direitos sobre espaços marítimos mais amplos, nas proximidades de seu litoral. Em várias regiões do mundo ocorrem disputas de soberania sobre áreas oceânicas.

Gregos e turcos, há décadas, discutem a soberania sobre espaços marítimos do Mar Egeu, que abriga sob a plataforma continental importantes jazidas petrolíferas. Ilhas oceânicas também são focos de disputa: a China e outros quatro países do Sudeste Asiático disputam a posse de alguns arquipélagos do Mar da China Meridional. As Ilhas Curilas são, desde o fim da Segunda Guerra Mundial, foco de controvérsias entre Rússia e Japão. O arquipélago das Malvinas (ou Falkland) foi o epicentro da guerra que envolveu a Grã-Bretanha e a Argentina, em 1982.

Protesto na frente da embaixada britânica em Buenos Aires, Argentina, em 2022. Mesmo 40 anos depois, o território segue em disputa.

A poluição dos oceanos

Durante muito tempo o ser humano acreditou que os oceanos pudessem ser uma espécie de lixeira do planeta. As imensas massas líquidas dos oceanos seriam capazes de "digerir" a sujeira e o lixo lançados por cidades e indústrias. No último século, contudo, o desenvolvimento urbano-industrial e o acelerado crescimento demográfico geraram quantidades extraordinárias de dejetos orgânicos e inorgânicos, esgotos domésticos industriais (com metais pesados), lixos sólidos, produtos químicos (como pesticidas e fertilizantes), pneus velhos, além de muito plástico. A continuidade do lançamento de dejetos nos oceanos pelos rios, canais e despejo direto está comprometendo seriamente as águas como fonte de alimentos e área de lazer para as gerações futuras.

Calcula-se que 80% do lixo oceânico origina-se nas áreas terrestres, mas a atividade pesqueira e a exploração de petróleo também estão entre as fontes de poluição marinha. Com o aumento do lixo oceânico nos últimos anos, segundo o Fórum Econômico Mundial (WEF, em inglês), se as medidas eficazes não forem adotadas até 2050, os oceanos podem ter maior quantidade (em peso) de plástico do que de peixes.

Anualmente, cerca de oito milhões de toneladas de plástico chegam aos mares e oceanos. Em 2010, 275 milhões de toneladas de lixo plástico foram geradas em 192 países banhados pelo mar, sendo que 4,8 milhões a 12,7 milhões de toneladas (média de 8,75 milhões de toneladas) acabaram entrando nos oceanos. Estudos mostram que cerca de 70% de todo o lixo marinho é formado por plástico, como garrafas PET, descartáveis (pratos, copos, talheres), embalagens, sacolas etc. Em 2016, quase 500 bilhões de garrafas PET foram produzidas, quase um milhão por minuto. É um aumento de quase 200 bilhões em relação a 2004.

O plástico é um material derivado do petróleo e usado na indústria em larga escala. O grande problema está em seu descarte e sua decomposição. Até hoje, não se tem certeza de quantos anos são necessários para que o plástico se decomponha na natureza; estima-se que algumas centenas de anos.

Algumas regiões são vértices marinhos, verdadeiros redemoinhos causados pelas correntes marítimas, e sua dinâmica faz com que os plásticos se acumulem nessas áreas. Existem cinco gigantes-

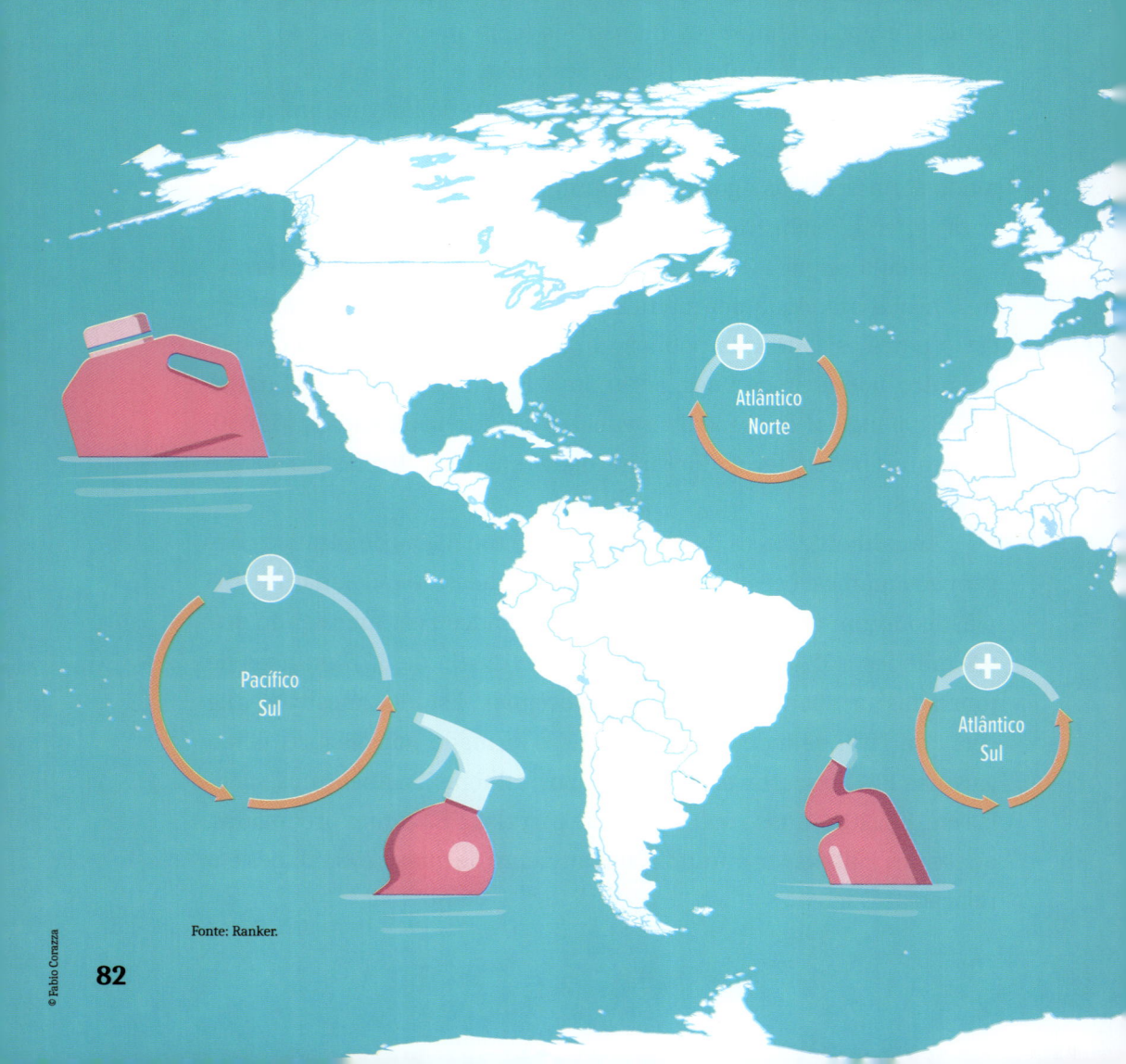

Fonte: Ranker.

cas ilhas de plástico no oceano; a maior delas está localizada na porção norte do Oceano Pacífico, com área superior a 1,6 milhão de quilômetros quadrados, maior do que a área de França, Espanha e Alemanha somadas. Quase 50% delas são formadas por redes de pesca descartadas e outros materiais plásticos. Entre 2015 e 2025, estima-se que se acumularão mais de 80 milhões de toneladas de plástico no mar.

As cinco gigantes ilhas de plásticos nos oceanos.

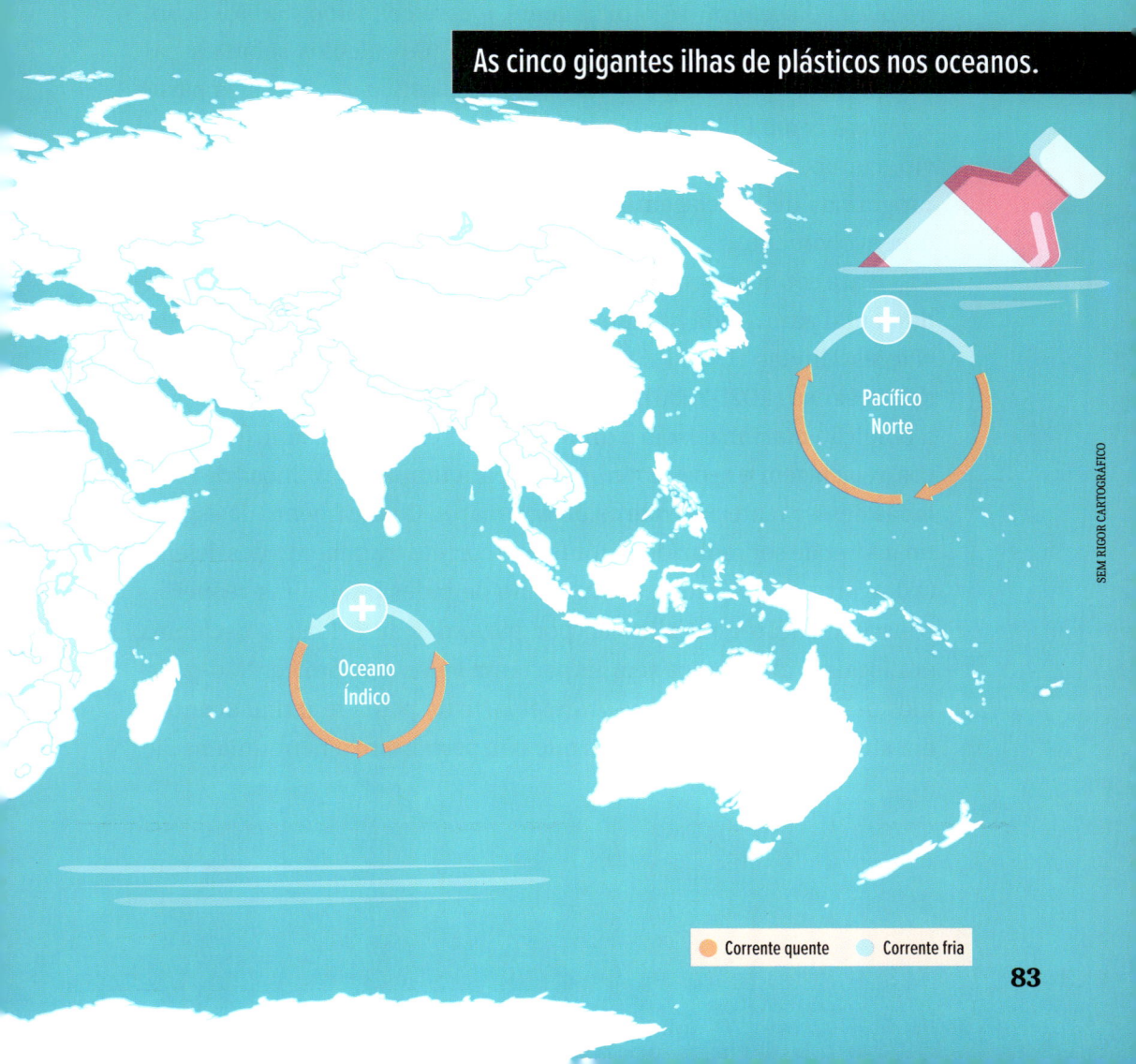

Pacífico Norte

Oceano Índico

SEM RIGOR CARTOGRÁFICO

● Corrente quente   ● Corrente fria

Os microplásticos são pequenos resíduos, inferiores a cinco milímetros, gerados pelo desgaste de peças maiores de plástico. A maior parte se deposita no fundo dos oceanos. Essas partículas são ingeridas pela fauna aquática, podendo chegar até nós pelo consumo de frutos do mar. Acumuladas em grande quantidade, formam parte das ilhas de plástico oceânicas.

Com a urbanização e industrialização crescente, em países em desenvolvimento como a China e os do Sudeste Asiático, o consumo de plástico acelerou-se rapidamente, e esse consumo não foi acompanhado pela reciclagem desse material. Os cálculos sobre os países que mais poluem o oceano com lixo plástico variam, mas países asiáticos como China, Índia e Filipinas estão no topo da lista. Países ricos também consomem muito plástico e poluem os oceanos, mas os programas de reciclagem são mais eficientes do que nos países em desenvolvimento.

Para conhecer e melhor entender os oceanos como elemento fundamental para a vida humana e a sustentabilidade, a Organização das Nações Unidas (ONU) decretou a década de 2020 como a Década dos Oceanos (2021-2030). Entre as ações pertinentes para combater a poluição marinha estão a diminuição do uso e o consumo de plásticos, reciclagem e ações coordenadas para limpar os milhões de toneladas desses materiais que estão nos mares. O lançamento de esgotos no mar pode ser reduzido se for feito o correto tratamento dos dejetos. O descarte inadequado e o abandono de redes pesqueiras requerem conscientização e fiscalização por parte das autoridades nacionais, em locais onde a pesca tem importante valor econômico. Não podemos deixar de lembrar que grande parte da pesca mundial acontece em alto-mar, ou seja, em águas que não pertencem a nenhuma nação.

As **disputas** no **Ártico**

No início de agosto de 2007, uma expedição científica russa completou uma missão histórica carregada de significados políticos: depositou uma bandeira da Rússia no fundo do Oceano Ártico, num gesto destinado a fortalecer as reivindicações do país sobre áreas dessa região do mundo. A equipe russa chegou à latitude de 86° norte, bem próximo do polo geográfico, abriu um buraco na superfície gelada do Oceano Ártico, por onde entraram dois pequenos submarinos tripulados que desceram a mais de 4,2 mil metros de profundidade, colheram material de pesquisa e depositaram a bandeira do país no fundo oceânico.

Com o material recolhido, a expedição pretende provar que a cordilheira submarina Lomonosov faz parte da plataforma continental da Sibéria. De acordo com Moscou, essas evidências científicas seriam suficientes para provar que a soberania sobre a área, hoje compartilhada com outros países da Bacia do Ártico, deve ser entregue exclusivamente à Rússia.

O Ártico designa o conjunto geográfico formado pela zona polar do hemisfério norte e o Oceano Glacial situado entre a América do Norte e a massa continental euroasiática. O Oceano Glacial Ártico recobre uma superfície de 12 milhões de quilômetros quadrados que se comunica com o Pacífico através do estreito de Bering (Passagem Noroeste), com o Atlântico pela estreita Baía de Baffin, mas também por uma passagem mais ampla entre a Groenlândia, o noroeste da Rússia e a Península Escandinava (Passagem Nordeste). As geladas águas do Oceano Ártico banham os litorais de cinco países: Rússia, Groenlândia (território de soberania dinamarquesa), Canadá, Estados Unidos (por conta do Alasca) e Noruega.

Durante muito tempo o Ártico foi uma área marginal do mundo. Somente no século XX, por meio dos avanços tecnológicos (aviões, navios quebra-gelo e submarinos) e, principalmente, do antagonismo soviético-estadunidense da Guerra Fria é que a importância estratégica da região ficou evidenciada. Há pelo menos duas dezenas de bases militares russas e americanas no Ártico e em suas circunvizinhanças.

Até recentemente, grandes extensões do Ártico não eram navegáveis. Sua superfície permanentemente congelada era apenas "cortada", de forma esporádica, por navios quebra-gelo soviéticos e, depois, russos. Somente algumas regiões marítimas costeiras eram de utilização mais frequente, como a passagem Nordeste (regularmente usada pelos russos) e a Noroeste (de forma eventual por estadunidenses e canadenses).

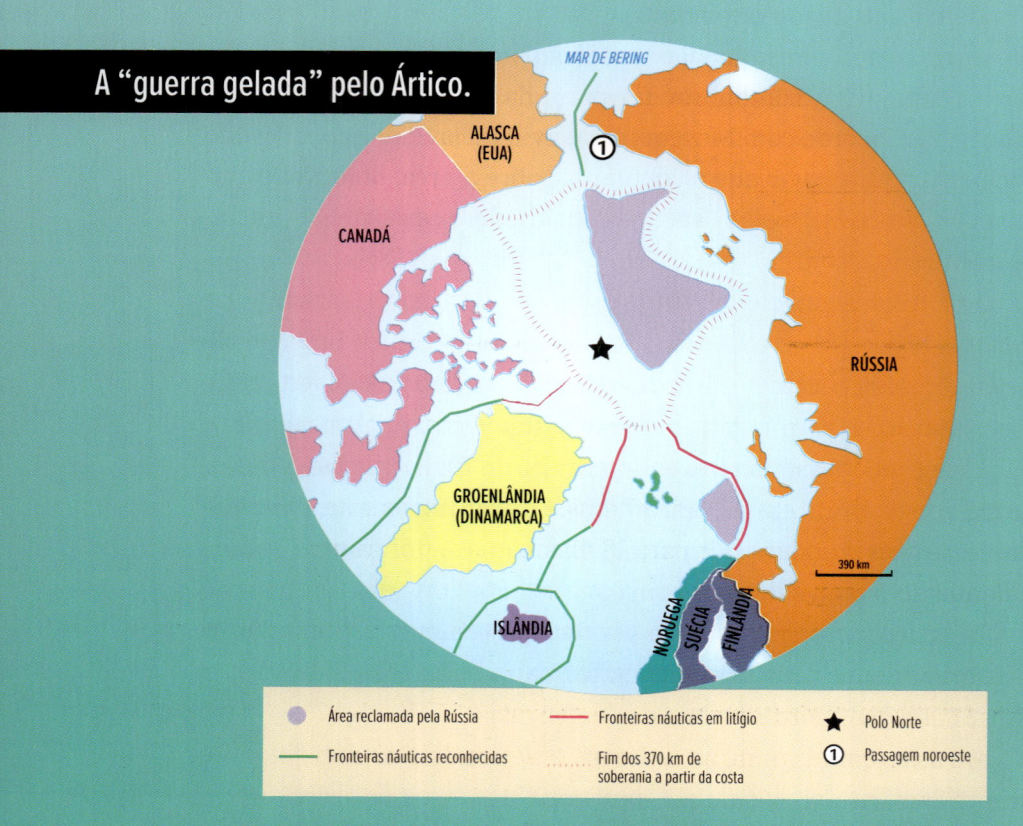

A "guerra gelada" pelo Ártico.

Fonte: Jornal *Mundo – Geografia e Política Internacional*, ano 15, nº 6, out. 2007.

O aquecimento global do planeta, decorrente do aumento das emissões de gases de efeito estufa, está mudando o panorama físico e geopolítico do Ártico. O gradativo derretimento da calota gelada ártica gera consequências dramáticas, como a possível extinção de espécies da fauna, entre as quais o urso-polar. Segundo uma teoria recentemente contestada, o fenômeno também poderia afetar a Corrente do Golfo, que funciona como uma espécie de regulador térmico das áreas norte-ocidentais da Europa. Além disso, o modo de vida tradicional dos inuítes será colocado em perigo e inúmeras edificações erigidas nas fraldas árticas da América do Norte e Eurásia (como estradas, bases militares e aeroportos), sobre o solo permanentemente gelado, correm o risco de desabamento.

O derretimento do gelo ártico já faz com que a Passagem Noroeste apresente cada vez mais dias propícios à navegação regular: um fenômeno desastroso do ponto de vista ecológico, abre oportunidades de conexão mercantil. Alguns cientistas profetizam que o Oceano Ártico estará totalmente livre do gelo até 2040. Bem antes disso, o uso quase permanente do oceano boreal para a navegação permitiria encurtar em um terço a distância que separa a Ásia da Europa, com óbvios ganhos para o comércio internacional e novas perspectivas geopolíticas e militares. Hoje, usando-se o Canal do Panamá, a distância entre Europa e Ásia oriental é de aproximadamente 23,3 mil quilômetros. A rota ártica reduziria o percurso para aproximadamente 14,6 mil quilômetros. Atualmente, a viagem de um navio cargueiro entre Europa e Ásia, dura, em média, 30 dias. Com as novas rotas, ou uma delas, esse tempo poderá cair para 18 dias, o que significa uma grande economia de tempo e dinheiro.

Há três rotas potenciais através do Ártico, além das duas disponíveis atualmente, a Rota do Mar do Norte e a Passagem do Noroeste:

a) Passagem nordeste ao redor da Eurásia.

b) Passagem noroeste ao redor da América do Norte.

c) Rota do oceano Ártico central (TSR).

Os dividendos econômicos da abertura do Ártico não se circunscrevem à navegação. Especialistas estimam que mais ou menos 20% das reservas ainda não conhecidas de petróleo estejam nas profundezas geladas do Ártico e 30% das reservas de gás natural. No entanto, a extração desses recursos pode colocar em perigo a vida selvagem e agravar o aquecimento global. A região já fornece aproximadamente 10% do petróleo e 25% do gás natural consumido no planeta. É provável que existam outros importantes recursos minerais que se somariam ao surgimento de novas zonas pesqueiras para a captura de espécies valiosas. Até poucos anos atrás, as pesquisas dos recursos da região eram muito caras e as disputas referentes à soberania das águas congeladas pouco significavam. Contudo, o lento, mas contínuo derretimento da calota polar reflete-se na definição de interesses políticos e empresariais e no acirramento das disputas. Esse drama ecológico também abre oportunidades de negócio e atiça rivalidades geopolíticas.

A Convenção das Nações Unidas sobre o Direito do Mar, de 1982, garantiu aos Estados costeiros a exploração econômica exclusiva numa faixa de 200 milhas marítimas, cerca de 370 quilômetros. Em certos casos, abriu a possibilidade de alguns países reivindicarem uma Zona Econômica Exclusiva ainda mais larga, recobrindo toda a plataforma continental.

Em 2021, os países do Conselho do Ártico – fórum intergovernamental para a cooperação nos assuntos do Ártico – reuniram-se e assinaram o primeiro plano estratégico para a região, com forte viés ambiental e com foco na sustentabilidade. Integram esse conselho Canadá, Dinamarca, Finlândia, Islândia, Noruega, Rússia, Suécia e Estados Unidos. China, Alemanha, Reino Unido e França são observadores no Conselho.

A China também tem pretensões no Ártico. Ela pretende não só explorar os recursos naturais lá existentes, como também implementar a Rota da Seda do Ártico em parceria com a Rússia. Em 2013, a China anunciou a Nova Rota da Seda, uma gigantesca rede de vias terrestres e marítimas que visam conectar o Sudeste Asiático, a Ásia Central, o Golfo Pérsico, a África e a Europa. Entre a pretensão chinesa está abrir uma nova rota marítima pelo Ártico, que atravessaria esse oceano pelo meio, embora essa travessia seja difícil, visto que permanece gelada a maior parte do ano.

A China também tem se aproximado da Rússia, de olho em suas reservas de combustíveis fósseis e, também, por ela ter mais infraestrutura, como navios quebra-gelo, e tem aumentado a presença militar na região. Essa aproximação se intensificou com o boicote ocidental à Rússia nos primeiros meses da guerra na Ucrânia e desagrada muito aos Estados Unidos, que no final da administração Trump pensaram em abrir um consulado na Groenlândia.

As "Rotas da Seda" árticas.

SEM RIGOR CARTOGRÁFICO

Legenda:
- Passagem Nordeste
- Passagem do Ártico Central
- Passagem Noroeste
- Rota Tradicional

Fonte: China Dialogue Ocean.

China, o desafio ambiental

Depois de quase 30 anos de crescimento econômico contínuo (média anual superior a 7%), a China vem pagando um pesado tributo ambiental. A acelerada industrialização, iniciada em 1970, provocou na China graves problemas com a poluição do ar e da água, estresse hídrico, erosão do solo, desmatamento, desertificação e perda da biodiversidade.

As chuvas ácidas já atingem cerca de 30% do território e contaminam em diferentes graus quase toda a rede fluvial do país; pelo menos metade dos chineses não tem acesso a água potável de boa qualidade; apenas cerca de 20% do lixo sólido é descartado de forma adequada para não agredir o meio ambiente; cerca de um terço da população urbana vive em áreas com a atmosfera altamente poluída. A poluição é responsável por aproximadamente 75% das doenças crônicas e é a principal causa das mortes ligadas a enfermidades respiratórias e cardíacas. Vale lembrar que na porção leste do país, nas áreas litorâneas, vive mais de um bilhão de pessoas, e nessa região se concentra também o uso intensivo dos solos. As pressões demográficas e econômicas são responsáveis pelo forte impacto sobre os recursos naturais.

Com a manutenção do crescimento econômico e a ampliação do consumo, a necessidade por mais energia e recursos naturais deve aumentar, agravando ainda mais a situação já existente. Ao longo dos últimos anos, a China se transformou no maior emissor mundial de dióxido de carbono, o principal gás responsável pelo aquecimento global do planeta. O segundo maior emissor é os Estados Unidos. As cidades chinesas de Linfen e Tianying ocupavam as duas primeiras posições no *ranking* de 2020 das dez cidades mais poluídas do mundo. O governo reconhece que mais de 200 núcleos urbanos do país possuem qualidade do ar inferior aos padrões considerados razoáveis internacionalmente.

A principal causa desse intenso fenômeno de poluição atmosférica é o acentuado e rápido processo de industrialização, lembrando que o país ainda utiliza largamente o carvão mineral como fonte de energia. A China é a maior produtora mundial de carvão e cerca de mais de 50% de toda a energia gerada provém da queima desse combustível fóssil que é extremamente poluente. A China, entretanto, vem reduzindo o consumo desse mineral, que passou de 72,2% para 57,4% na composição de sua matriz energética. É uma redução significativa, visto que o consumo de energia cresceu, nesse mesmo período, cerca de 51%.

Estátua de pandas em Pequim em um dia limpo e um dia poluído.

© Simon Song/South China Morning Post/Getty Images

A questão da poluição atmosférica foi tão grave, que, em 2013, Pequim tinha 45 vezes mais poluentes no ar do que é considerado aceitável pela Organização Mundial da Saúde (OMS). Pequim foi tomada por uma densa nuvem de poluição que tornou o ar praticamente irrespirável. Nessa época, a China tinha sete das cidades mais poluídas do planeta. Um estudo da Universidade de Atlanta revelou que até 30 milhões de pessoas foram vítimas da poluição atmosférica, e acabaram morrendo precocemente entre os anos 2000 e 2016.

Em 2014, a questão da poluição na China tornou-se assunto de Estado, quando o primeiro-ministro Li Keqiang anunciou uma mudança nos rumos do país: "Vamos declarar guerra à poluição assim como declaramos guerra à pobreza". A partir dessa data, foram tomadas rigorosas medidas antipoluição, como o fechamento de fábricas *sujas* (altamente poluidoras), estabelecimento de rígidos padrões de emissões e inspeções rigorosas.

Os esforços deram resultado, e os níveis de poluição atmosférica caíram bastante daquele ano até 2021. Para isso, os investimentos têm sido feitos em fontes mais limpas, como a hidrelétrica, a nuclear, a eólica e a solar, sendo a China o país que mais investe nas duas últimas. As metas são que, em 2060, a matriz energética chinesa seja composta por 90% de energia limpa. O reflorestamento também tem tido grande incentivo nos últimos anos. O país também pretende controlar rigorosamente o aumento do consumo de carvão no período do 14º Plano Quinquenal (2021-2025).

Água na **Índia** e na **China: abundância** ou **escassez?**

Atualmente, cerca de 2,3 bilhões de pessoas vivem em áreas com escassez hídrica, e, destes, 733 milhões vivem em áreas com grave escassez. O cenário futuro não é otimista: estima-se que em 2050 cerca de quatro bilhões de seres humanos viverão com escassez crônica do chamado "ouro azul".

A escassez atual e futura de água preocupa, em diferentes graus, quase todos os países. No entanto, vale a pena chamar a atenção para a China e a Índia, pois, entre outros aspectos, cerca de um terço da humanidade está concentrada nesses dois países e quase tudo o que acontecer com cada um deles terá repercussões de caráter internacional.

Em termos mundiais, a Índia é o país mais populoso e o sétimo em superfície. A China é o segundo em população e possui o terceiro maior território. Ambos têm áreas de climas áridos e semiáridos, onde a água é naturalmente escassa. A população indiana cresce em ritmo bem mais acelerado e deverá atingir a marca de 1,7 bilhão de pessoas em 2064. Em ambos os países, a população rural é bem mais numerosa que a urbana: segundo dados do Banco Mundial, menos de 40% dos chineses e mais de 60% dos indianos vivem no campo.

Sabe-se que a agricultura é o setor econômico que mais utiliza recursos hídricos. Cerca de 70% da água utilizada é destinada a esse setor, enquanto o restante vai para uso industrial (20%) e doméstico (10%). Se na China a participação setorial não está muito distante da média mundial (67%, 26% e 8% respectivamente), na Índia o setor agrícola tem consumo bem superior (mais de 80%).

Fonte: *Mundo – Geografia e Política Internacional*, ano 14, nº 5, 2006.

Projetos de transposição

1 Traçado Leste (conclusão em 2007)
2 Traçado Central (conclusão em 2030)
3 Traçado Oeste (conclusão em 2050)

Em termos de utilização de águas subterrâneas, o consumo anual por pessoa na Índia é cerca de cinco vezes maior que o verificado na China. Outro fato diz respeito aos recursos hídricos superficiais (especialmente rios) entre os dois países. Na Índia, a dependência de água renovável vinda de fora do país é de 34%; na China, apenas de 1%.

Isso se explica pelo fato de os principais rios chineses como o Yang-Tsé, o Huang-Ho e o Sikiang terem a totalidade de suas bacias hidrográficas no interior da China. Já as bacias hidrográficas do Ganges e, especialmente a do Indo, estendem-se apenas parcialmente sobre o território da Índia.

Entre suas nascentes no Tibete chinês e o Paquistão, país onde está a maior porção de seu curso, o Indo atravessa um pequeno trecho da Caxemira indiana. Todavia, alguns dos principais afluentes da sua margem esquerda têm parte considerável dos cursos em território indiano.

Nessa região, considerada o maior perímetro irrigado do mundo, a questão da utilização conjunta das águas fluviais encontrou solução satisfatória, fato que não se repetiu em relação a outros problemas de caráter geopolítico nos quais estão envolvidos o Paquistão e a Índia.

Já o Ganges flui quase integralmente no território da Índia. Ele corre por 2.525 km e flui pelo norte do país até encontrar-se com o rio Brahmaputra, em Bangladesh, e formar o Delta do Ganges, que deságua no Oceano Índico, na Baía de Bengala. A Índia só não tem soberania total em sua foz – na verdade, um grande delta que ocupa extensão considerável do território de Bangladesh.

O rio Ganges é considerado sagrado para os hindus, que acreditam que, ao tomarem banho no rio durante o festival de Kumbh Mela, seus pecados são purificados. Essa grande comemoração, que se estende por semanas, chega a atrair cerca de 100 milhões de pessoas. Também há a tradição hindu de banhar-se no Ganges ao menos uma vez na vida e a recomendação religiosa que os mortos sejam colocados em piras no rio e queimados.

Quinhentas milhões de pessoas dependem desse rio, de sua nascente à sua foz, mas ele está secando e está altamente poluído por lixo plástico, outros resíduos sólidos, esgoto e efluentes industriais. A OMS considera suas águas impróprias para o consumo.

O rio Yamuna, afluente do Ganges, que corre também no norte da Índia, é considerado um dos mais poluídos do planeta. Ele atravessa a capital Nova Déli e abastece 57 milhões de pessoas. A poluição do rio está presente nos pouco mais de 22 quilômetros que cortam a capital indiana, e se agrava após atravessar a cidade de Kanpur, que possui numerosos curtumes. Essa poluição é causada basicamente pelos esgotos domésticos e industriais, além do lixo sólido e defensivos agrícolas despejados em seu leito. Hoje, o Yamuna é um verdadeiro esgoto a céu aberto, não havendo oxigênio em suas águas, o que lhe confere o *status* de um rio morto, onde não há vida animal nem vegetal aquática. Diante da situação caótica, autoridades indianas têm feito investimentos para a despoluição do Ganges e o Yamuna, mas sem grande sucesso.

Mesmo com abundância de água, a Índia sofre com o estresse hídrico. Cerca de 25% do seu território é classificado como carente de água. A China também possui enormes problemas em relação ao uso de seus recursos hídricos e há no país áreas de crescente escassez, especialmente nas regiões norte e nordeste, sendo que nessa última localiza-se Pequim, a capital. Além das consequências para os seres humanos, a falta do "ouro azul" é uma ameaça ao ritmo de crescimento dessa região.

Na porção centro-ocidental do país, área de domínio de climas áridos e semiáridos e de população rarefeita, a questão da escassez é natural. Na parte oriental, onde se concentram a maior parte da população e as principais regiões urbano-industriais, é possível distinguir duas subáreas: a porção meridional e a parte norte.

A primeira abrange cerca de três quartos dos recursos hídricos do país, com destaque para a bacia do Yang-Tsé. A outra é a porção norte, região bem mais seca, mas responsável pela geração de mais de 60% das riquezas agrícolas. É a área da bacia do Huang-Ho, onde a escassez de água já é uma realidade. Para se ter ideia da situação, em 1972, pela primeira vez na milenar história chinesa, o rio Huang-Ho secou e deixou de desaguar no mar por 15 dias. Em 1997, ele deixou de correr para o mar por 226 dias.

A poluição também afeta as águas continentais chinesas: cerca de 75% dos rios estão poluídos, de tal forma que em alguns deles o consumo de água é pernicioso para a saúde de pessoas e animais. Os solos chineses também estão contaminados, somando quase 20% das terras cultiváveis. Também, cerca de 30% das águas subterrâneas estão contaminadas.

Cerca de 80% da água na China está situada no Sul, especialmente na bacia do rio Yang-Tsé. Em contrapartida, mais de 700 milhões de pessoas vivem no norte do país, onde se encontram também cerca de 75% das terras agrícolas. A agricultura consome cerca de 80% das águas fluviais na China. O uso intensivo de rios na irrigação, na geração de energia elétrica, para o consumo humano e animal, tem diminuído consideravelmente os cursos fluviais e os lagos. A escassez de água também prejudica os planos de expansão da produção de energia, ameaçando o crescimento econômico. Em 2022, partes do rio Yang-Tsé secaram, agravando o problema energético.

É por isso que o governo implantou um projeto "faraônico" de transposição das águas do rio Yang-Tsé (curso fluvial que drena a porção centro-sul do país) para a região de Pequim. O "Projeto de Transferência Norte-Sul de Água" consiste em uma série monumental de canais do Yang-Tsé (ao sul) para o Rio Amarelo (ao norte). É parte do esforço governamental para evitar que surjam ao menos 30 milhões de pessoas sem acesso seguro à água no país nos próximos anos, em face do aumento do consumo para fins agrícolas e industriais. A capital chinesa começou a receber água desse rio em 2014.

O leito quase seco do rio Jialing, um afluente do rio Yang-Tsé, no sudoeste da China.

Estresse hídrico no mundo

Atualmente, a questão da água (e a falta dela) está entre as grandes preocupações mundiais. Cresce a retirada de água doce da natureza, e segundo o Watch Resources Institute (WRI), entre 1961 e 2020, a taxa global de retirada de água doce de reservas subterrâneas e de superficiais aumentou 2,5 vezes.

O crescimento econômico, o aumento populacional, a má gestão dos recursos hídricos, a poluição aquática e o aquecimento global estão entre as principais causas dessa ameaça à própria sobrevivência. Dados das Nações Unidas indicam que o maior consumo de água é na agricultura (70%), seguido por uso doméstico e serviços sanitários (12%) e pelas indústrias (12%).

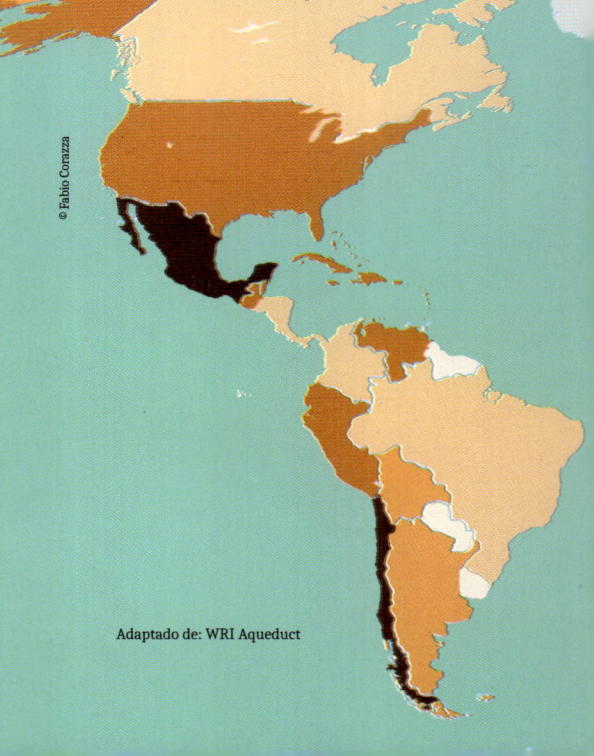

Estresse hídrico no mundo, 2019.

© Fabio Corazza

Adaptado de: WRI Aqueduct

Considera-se estresse hídrico quando, em uma determinada região, a demanda por água é maior do que a sua disponibilidade e capacidade de renovação. Quando ocorre essa situação, a quantidade de água não é suficiente para que a população consiga ter atendidas suas necessidades em relação a esse precioso líquido, sem o qual não há vida.

Segundo a ONU, as áreas mais afetadas pelo estresse hídrico – quando um território retira 25% ou mais de seus recursos renováveis de água doce – estão no Oriente Médio e no norte da África, onde predominam regiões desérticas. Também sofrem com o problema as costas africana e europeia do Mediterrâneo, o Sudeste Asiático, o noroeste da China, Austrália, Estados Unidos e México. Os 17 países que enfrentam níveis extremamente elevados de estresse hídrico consomem anualmente 80% da água disponível, e as secas agravadas pelo aquecimento global estão piorando essa situação.

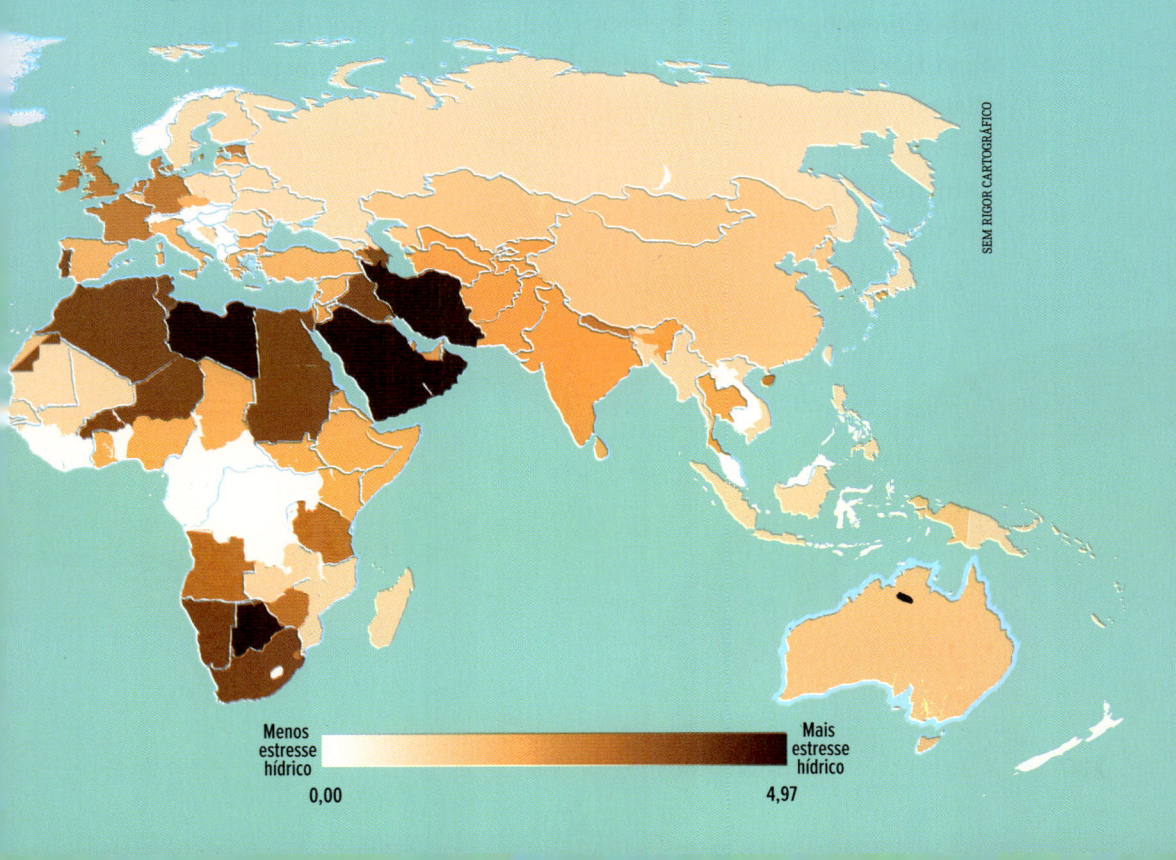

Menos estresse hídrico
Mais estresse hídrico
0,00
4,97

O estresse hídrico, porém, não se limita mais às regiões desérticas. Além das questões naturais, do aumento do consumo, a má gestão da água doce prejudica a disponibilidade do recurso. Assim, a Índia, conforme relatório da WRI, vem "enfrentando desafios críticos sobre seu uso e gestão da água que afetam tudo, desde a saúde ao seu desenvolvimento econômico". A falta de água em âmbito global é uma ameaça à sobrevivência de milhões de pessoas, e deve provocar migrações dos chamados refugiados climáticos, atingindo possíveis 700 milhões até 2030.

O Brasil é o país com as maiores reservas de água doce do planeta. Embora apareça em 112º lugar no *ranking* de estresse hídrico da WRI, há regiões que estão muito ameaçadas com a carência grave de água. Regiões da Bahia, Ceará e Rio Grande do Norte apresentam níveis extremamente altos de estresse hídrico, semelhante ao Oriente Médio. Segundo a Agência Nacional das Águas (ANA), a situação no país é preocupante. No Sudeste e Sul, capitais como Rio de Janeiro, Belo Horizonte e Curitiba têm tido problemas causados pela menor disponibilidade de água e pela poluição dos rios em bacias hidrográficas fundamentais para o abastecimento. No sul do país, o cultivo, principalmente de arroz, é apontado como uma das principais causas da carência de água na região.

O leito seco de um rio em Poconé-MT, resultado da seca que atingiu o Pantanal em 2020.

Soluções possíveis

A ameaça crescente de estresse hídrico pode parecer menos importante que o aumento da temperatura global – essa é uma falsa impressão. A água é vital para a nossa sobrevivência, como também para animais e para plantas. Um dos métodos para se conseguir maior quantidade de água é dessalinizando o mar. Israel conseguiu construir usinas que que tiram o sal da água do mar, mas trata-se de um investimento caro e complexo.

A água de reúso é aquela oriunda das estações de tratamento de esgotos domésticos, industriais e agrícolas. Ela não é adequada para consumo humano, mas pode ser reutilizada na geração de energia, refrigeração de equipamentos, nos processos industriais e na limpeza de ruas e praças. Outro meio para melhorar a disponibilidade de água é o reflorestamento, a preservação de matas ciliares e outras áreas de vegetação.

A saga do
Rio Colorado

Em consequência do processo histórico de ocupação humana e da valorização econômica de seu território, que incluiu aquisição, conquista e anexação de terras de potências europeias, dos habitantes originais e do México, os Estados Unidos se tornaram o quarto país do mundo em extensão. Entre as vantagens naturais advindas desse vasto território, inclui-se um expressivo estoque de recursos hídricos.

Com cerca de 9,5 milhões de km², no território estadunidense são encontradas algumas bacias hidrográficas, como a do Mississipi-Missouri e a do São Lourenço, que estão entre as mais extensas do mundo. Se a Bacia do Mississipi é integralmente estadunidense, outras são partilhadas com os países vizinhos – como é o caso das bacias do São Lourenço e do Colúmbia, com o Canadá, e dos rios Grande e Colorado, com o México.

Situada no sudoeste dos Estados Unidos, a Bacia do Colorado abrange uma área de 632 mil km², superfície pouco maior que a da Região Sul do Brasil. As águas dos rios da bacia drenam áreas de sete estados: Califórnia, Nevada, Colorado, Utah, Novo México, Wyoming e Arizona. Nos últimos 80 quilômetros de seu curso, o Colorado atravessa terras do México.

Denominado "Nilo americano", o Colorado tem suas nascentes nas Montanhas Rochosas, no estado que lhe dá o nome, apresenta direção geral nordeste-sudoeste e deságua no Golfo da Califórnia, após percorrer cerca de 2,3 mil quilômetros. Seu regime é pluvio-nival, e a maior parte da área da bacia apresenta a dominância de climas áridos e semiáridos, com chuvas escassas e irregulares, fato que não impediu a região de se tornar uma das mais ricas e dinâmicas do planeta.

Nas últimas décadas, os estados do sudoeste dos Estados Unidos, todos eles possuindo parte de seus territórios no interior da bacia, viram sua população crescer exponencialmente. Foi o caso da Califórnia, estado mais populoso do país, cujo contingente demográfico multiplicou-se quase cinco vezes no decorrer dos últimos sessenta anos.

O rio Colorado abastece cerca de 40 milhões de pessoas em sete estados estadunidenses e o aproveitamento para irrigação consome quase 70% do total das suas águas, em 2 milhões de hectares. A bacia do rio Colorado é uma das mais aproveitadas em todo o globo.

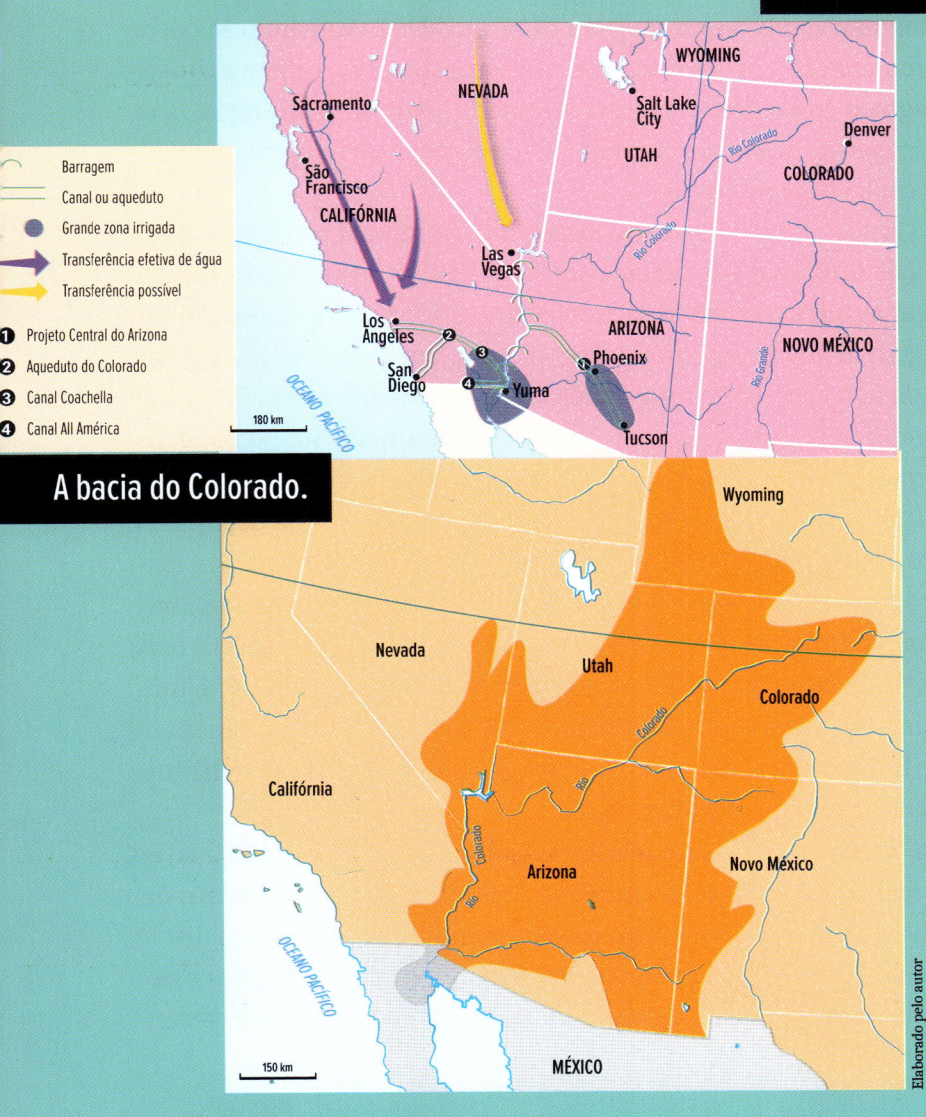

As águas do Colorado.

A bacia do Colorado.

Elaborado pelo autor

A questão do uso e exploração da água do Colorado suscitou, ao longo do tempo, dois tipos de situações hidroconflitivas: a primeira, de caráter interno, entre os estados estadunidenses atravessados pelos rios da bacia; a segunda, entre os Estados Unidos e o México. No plano interno, pressões ligadas a interesses em usufruir os recursos hídricos por parte dos vários estados levaram, em 1922, a um plano de partilha das águas do rio que, em 1944, envolveu também o México. As demandas de água provocaram a construção de barragens e canais ao longo do curso do rio, que contribuíram para gerar riquezas, mas também levaram a um uso predatório dos recursos hídricos, tornando-os cada vez mais escassos.

O Projeto Big Thomson, no estado do Colorado, consistiu na construção de um canal subterrâneo de 3 mil metros de altura, destinado a irrigar as terras da região de Denver. No estado vizinho do Arizona, a barragem Glen Canyon criou o Lago Powell, um reservatório cujo volume de água representa dois anos do débito médio do rio. Ainda no Arizona, a barragem Hoover gerou o Lago Mead, que alimenta o "delírio" aquático dos hotéis e das piscinas particulares da cidade-cassino de Las Vegas. O Projeto Arizona Central, um aqueduto de 536 quilômetros, foi construído para irrigar o oásis da região de Phoenix e fornecer água potável para a cidade. Já o Aqueduto do Rio Colorado, com 387 quilômetros, serve as cidades de Palm Springs, Los Angeles e San Diego, além de irrigar 200 mil hectares de terras agrícolas. Por fim, os canais All American e Coachella foram edificados para alimentar o Vale Imperial, a maior superfície irrigada do país, onde se cultivam frutas, legumes, arroz e algodão.

A "sedenta" Califórnia não só consome as águas a ela destinadas pelos acordos de uso, como também compra volumes crescentes de estados vizinhos que não usam integralmente suas cotas. Além disso, anseia por projetos de transposição de águas vindas de regiões e estados exteriores à bacia. Graças à abundância de água com as terras férteis irrigadas pelo Colorado, a Califórnia tornou-se a maior produtora de frutas e verduras no rigoroso inverno que atinge a maior parte dos Estados Unidos, além de alfafa, que serve de alimento para animais da pecuária também no inverno.

Por muito tempo, os Estados Unidos usaram as águas do Colorado considerando exclusivamente uma perspectiva nacional e fingindo ignorar que a parte final do Colorado drena terras mexicanas. Só em 1944 o governo estadunidense atendeu às constantes demandas do México, que recebia quantidades cada vez menores de água do rio. O acordo assegurou 1,8 milhão de km^3 de água por ano, mas não tocou no aspecto crucial da qualidade da água, que, ano após ano, ficava mais salgada e saturada de produtos químicos tóxicos decorrentes do intenso uso de fertilizantes e defensivos agrícolas a montante.

Em 1973, depois de anos de protestos, os Estados Unidos se responsabilizaram pela garantia da qualidade da água que chegava ao México, construindo uma usina de dessalinização na cidade de Yuma, junto à fronteira entre os dois países. Mais recentemente, um novo problema que afeta os vizinhos foi detectado: provavelmente em virtude de efeitos do aquecimento global, parte dos glaciares que alimentam o Colorado tem reduzido bastante. Como o consumo e o desperdício continuam a crescer, não é difícil prever tempos difíceis para a região.

População mundial:
previsões para os
próximos anos

Atualmente vêm se cristalizando importantes mudanças na composição e na dinâmica da população mundial. Apesar de muitas dessas transformações terem se iniciado nas últimas décadas do século XX, pode-se afirmar que, ao longo deste século, a população do planeta será maior, crescerá em ritmo mais lento, será cada vez mais urbana e também mais idosa do que foi nos últimos 100 anos.

Assim como ninguém que tenha vivido até 1930 conseguiu presenciar a população mundial dobrar de tamanho, tudo indica que nenhum ser humano nascido após 2050 viverá tempo suficiente para testemunhar esse fenômeno novamente. Nunca é demais recordar que o ritmo máximo de crescimento da população mundial foi atingido por volta da segunda metade da década de 1960. Se o total de seres humanos no planeta só atingiu seu primeiro bilhão no início do século XIX, atualmente esse número é incorporado à população mundial a cada 15 anos.

Em novembro de 2022, a população mundial chegou a 8 bilhões de pessoas. Segundo estimativas, em 2050 o planeta deverá abrigar um número pouco superior a 9,8 bilhões de habitantes, isto é, quase 2 bilhões de pessoas a mais do que possui atualmente. Nos dias de hoje, a cada ano são incorporados à população do planeta cerca de 65 milhões de seres humanos, isto é, o equivalente à população da França.

Todavia, a dinâmica do crescimento demográfico mundial é muito desigual. Estima-se que, ao longo dos primeiros 50 anos do século XXI, a população de alguns países asiáticos, como o Afeganistão e um grande número de nações da porção subsaariana da África (Libéria,

Uganda, Burundi, Chade, etc.), assistirá seu contingente populacional triplicar. Deve-se lembrar que esses países estão entre os mais pobres do mundo. Mesmo com taxas de mortalidade acima da média mundial, eles têm apresentado taxas de natalidade persistentemente altas. Nos países em questão, em média, uma mulher tem o dobro de filhos em relação à que vive nas nações mais ricas.

Cerca de metade do incremento populacional que ocorrerá até 2050 terá como "responsáveis" nove países: Índia, Paquistão, Nigéria, República Democrática do Congo, Bangladesh, Uganda, Estados Unidos, Etiópia e China. A surpresa fica por conta da presença dos Estados Unidos nessa lista, fato explicado pelo alto número de imigrantes que o país deverá receber nas próximas décadas.

Além disso, pelo menos em 50 países, a maioria de alto nível econômico, como a Alemanha, o Japão e a Itália, provavelmente sua população reduzirá em termos absolutos. Outros, embora com padrão econômico inferior ao dos países citados, caso da Rússia, também deverão ter a população diminuída. Além da baixa taxa de fertilidade, o caso russo reflete a falência dos sistemas públicos de saúde e o incremento de mortes causadas por câncer, doenças cardíacas, alcoolismo, suicídios e homicídios, decorrentes da brutal queda do padrão de vida após o fim da União Soviética. A deterioração econômica e as sanções internacionais no contexto da guerra na Ucrânia devem agravar esta tendência.

Até a metade do século passado, o contingente de crianças com idade inferior a cinco anos era maior que o de pessoas com mais de 60. Atualmente, cada um desses grupos etários corresponde a 10% da população mundial, mas, daqui para frente, os idosos serão cada vez mais numerosos. Contudo, o envelhecimento da população não ocorre de forma semelhante em todos os países. Em 2050, nas regiões mais desenvolvidas do mundo, uma em cada três pessoas terá mais de 60 anos, enquanto nas áreas menos desenvolvidas esse número será de 1 em cada 5, ou seja, elas serão cerca de 20% do total.

Mantendo as tendências demográficas observadas na atualidade, até 2050 a quase totalidade do crescimento da população mundial ocorrerá em áreas urbanas. Em 2007, o número de pessoas morando em cidades superou o contingente de pessoas vivendo no campo. As populações urbanas crescem mais rápido nos países pobres do que nos países mais ricos. Aproximadamente 60% do crescimento urbano nos países pobres será devido ao crescimento vegetativo, acrescido do êxodo rural, fenômeno que ocorrerá com maior intensidade no sul, sudeste e leste da Ásia e também na África subsaariana.

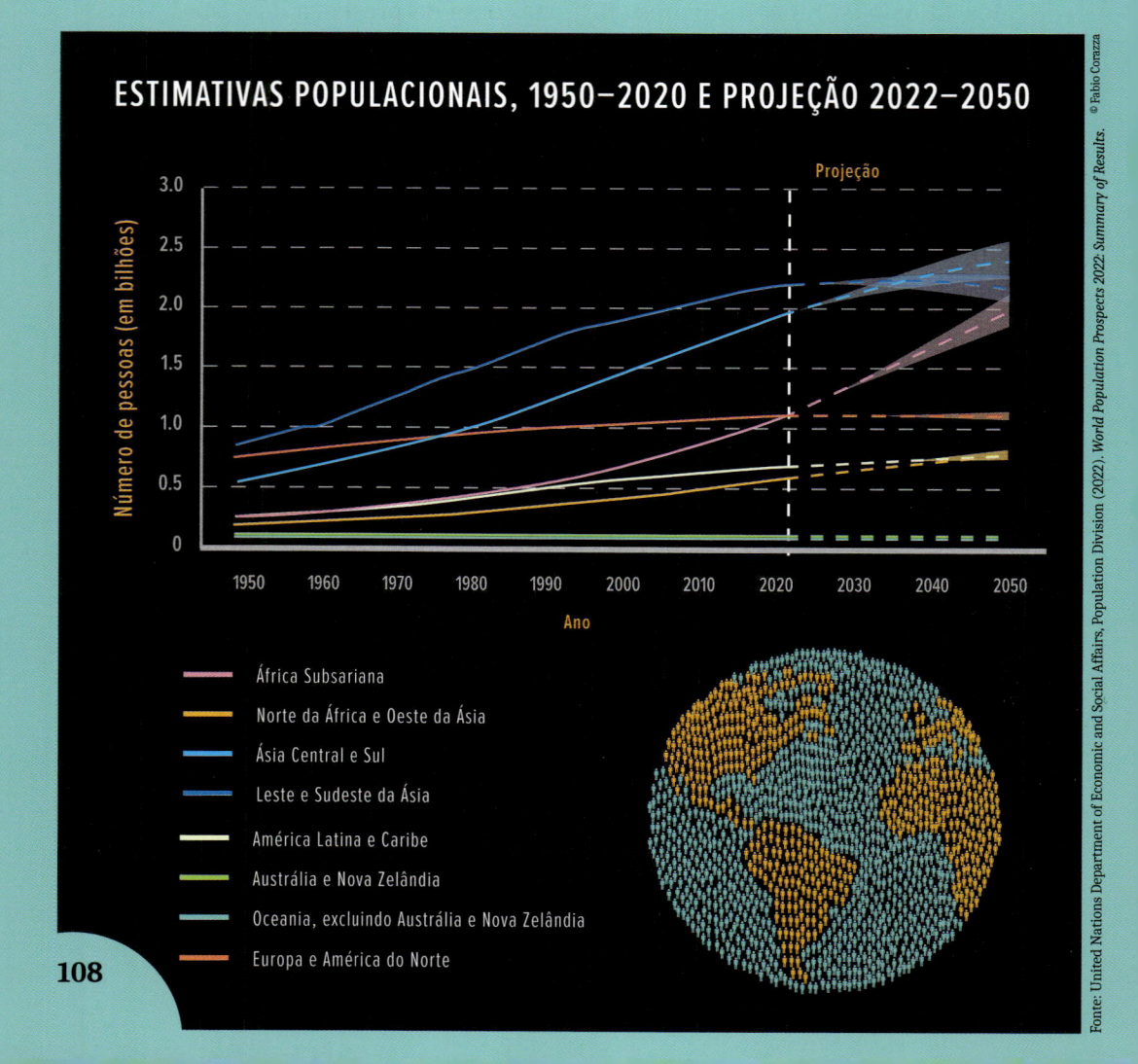

ESTIMATIVAS POPULACIONAIS, 1950–2020 E PROJEÇÃO 2022–2050

Legenda:
- África Subsariana
- Norte da África e Oeste da Ásia
- Ásia Central e Sul
- Leste e Sudeste da Ásia
- América Latina e Caribe
- Austrália e Nova Zelândia
- Oceania, excluindo Austrália e Nova Zelândia
- Europa e América do Norte

Fonte: United Nations Department of Economic and Social Affairs, Population Division (2022). World Population Prospects 2022: Summary of Results.

As projeções que indicam bilhões de pessoas a mais nos países pobres, e que teremos mais idosos no mundo, juntamente com o uso crescente de recursos naturais que essas tendências implicam, levantam questões sobre o grau de sustentabilidade da população atual e futura.

A princípio, nosso planeta pode fornecer espaço e alimento para pelo menos 2 bilhões a mais de pessoas do que as existentes atualmente. O problema é que grande parte dos 8 bilhões de seres humanos que vivem hoje no planeta não se satisfaz apenas em ter o que comer.

Segundo organismos internacionais que estudam o problema, estabelecendo-se relação entre alimentos, energia e recursos naturais, os habitantes da Terra já estariam consumindo na atualidade cerca de 43% além da capacidade de reposição da biosfera, déficit que tem aumentado cerca de 2,5% ao ano. Se todos os seres humanos consumissem como um europeu ou um estadunidense, seriam necessários três planetas como o nosso! A sustentabilidade global passa por uma modificação dos padrões de consumo, começando pela população dos países industrializados, que absorvem uma parcela desproporcional dos recursos e bens produzidos no mundo.

China:
novos desafios
demográficos

A China é o segundo país mais populoso do planeta, tendo perdido o primeiro lugar para Índia em 2023. Esse contingente humano já era enorme na época da vitória da Revolução Comunista (1949): 540 milhões de habitantes. Entre 1949 e 1975 a população aumentou em média 2% ao ano, mas esse crescimento não foi contínuo. Durante o período da grande fome (1958-1961) a China teve altas taxas de mortalidade, perdendo cerca de 30 milhões de pessoas. Mas graças, em parte, ao estímulo de Mao Tsé-Tung, que via no aumento populacional um caminho para o engrandecimento do país, e à melhora das condições materiais, sobretudo no meio rural, em 1975 a população ultrapassou 900 milhões de habitantes.

O que era bom na época de Mao transformou-se em um grande problema para seus sucessores. Para conter a explosão populacional, o Estado chinês colocou em prática um rigoroso controle de natalidade no fim dos anos 1970. Na realidade, a média de filhos por mulher em idade fértil decresceu antes mesmo da implementação da política do filho único, o que sugere que a própria população estava inclinada a reduzir o número de filhos. Não fosse assim, é provável que a população chinesa atingisse atualmente 1,6 bilhão de habitantes.

Desde então, e até pelo menos 2016, o controle da natalidade foi exercido segundo um princípio de prêmios e castigos, o que implicava a concessão de vantagens para os que tivessem apenas um filho e rigorosas penas para os que transgridissem a regra, com algumas exceções, como famílias de minoria étnica ou com filhos com deficiências. O aborto é legalizado e pode ser feito com facilidade a custos relativamente baixos.

Além de seu tamanho, a população é fonte potencial de instabilidade devido à sua composição. A política de um só filho, aliada à predileção dos chineses por crianças do sexo masculino, teve um efeito colateral não calculado pelas autoridades. O número de homens já supera o de mulheres em muitos milhões, gerando uma situação em que jovens chineses do sexo masculino têm dificuldades de se casar por absoluta falta de parceiras disponíveis.

Dados oficiais do governo chinês mostram que o país tinha, em 2022, uma média de 104,4 homens para cada 100 mulheres, ou seja, milhões a mais de pessoas do sexo masculino "excedentes", sobretudo na faixa etária entre 10 e 29 anos. Tanto autoridades chinesas como especialistas de outros países acreditam que esse desequilíbrio da população pode levar ao aumento da violência dentro e fora da China. O aumento da violência contra mulheres já é realidade no interior do país. O sequestro e venda de mulheres para camponeses que não conseguem casar são práticas toleradas em muitas regiões rurais, área onde vive cerca de 55% da população do país. O sequestro e a venda não se restringem à China, já atingem mulheres de países vizinhos, como Coreia do Norte, Vietnã e Tailândia.

A preferência por filhos homens tem raízes culturais e econômicas. Além de serem mais valorizados na longa tradição confuciana da China, os bebês do sexo masculino são a garantia de aposentadoria dos pais, pois o sistema de seguridade social do país é precário, principalmente nas zonas rurais. Os filhos carregam a obrigação de cuidar de seus pais e avós na velhice, ao passo que as filhas saem de casa para se dedicar à família do marido.

PROPORÇÃO ENTRE HOMENS E MULHERES NA CHINA POR FAIXA ETÁRIA, 2022 (MULHERES = 100)

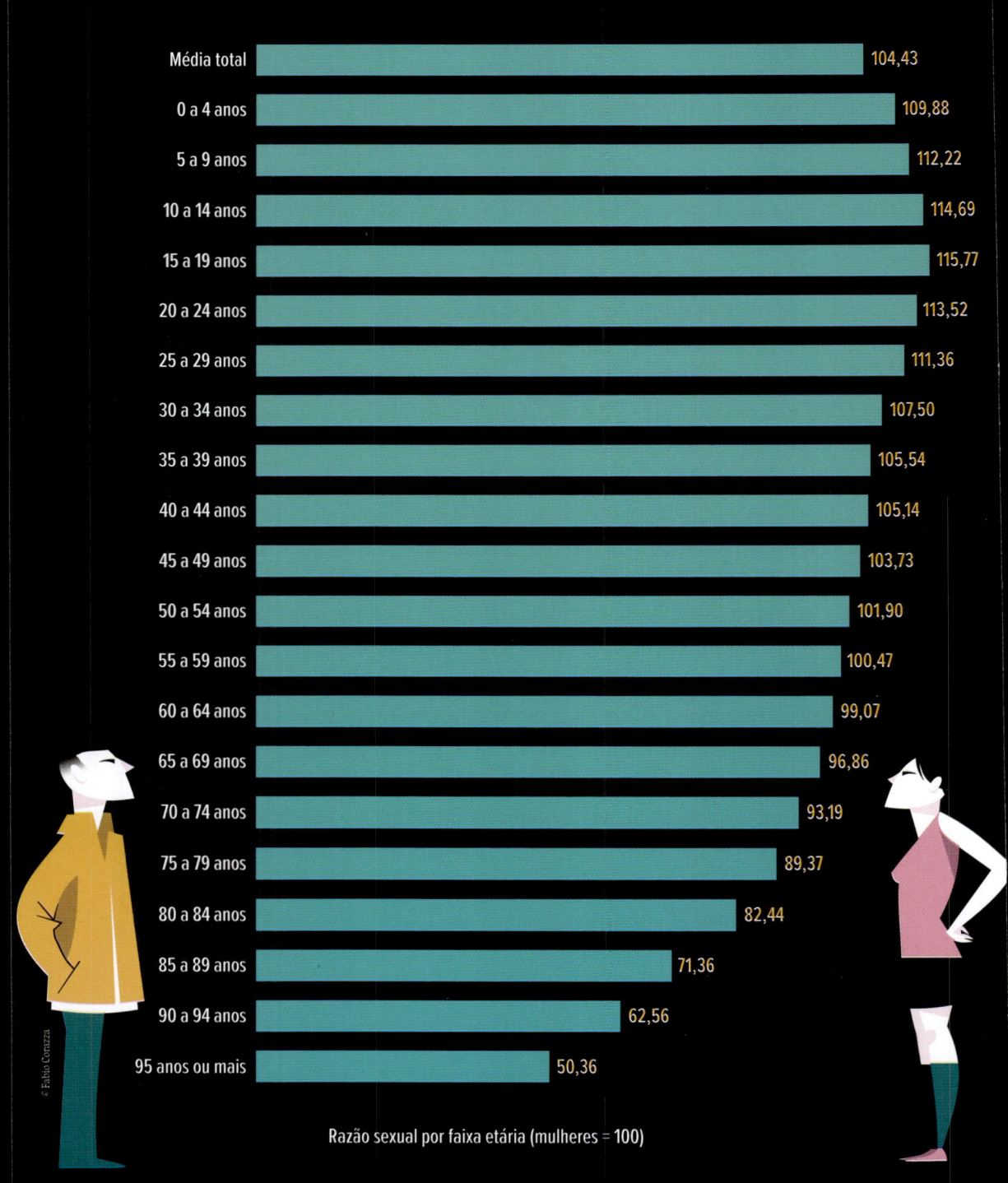

Faixa etária	Razão
Média total	104,43
0 a 4 anos	109,88
5 a 9 anos	112,22
10 a 14 anos	114,69
15 a 19 anos	115,77
20 a 24 anos	113,52
25 a 29 anos	111,36
30 a 34 anos	107,50
35 a 39 anos	105,54
40 a 44 anos	105,14
45 a 49 anos	103,73
50 a 54 anos	101,90
55 a 59 anos	100,47
60 a 64 anos	99,07
65 a 69 anos	96,86
70 a 74 anos	93,19
75 a 79 anos	89,37
80 a 84 anos	82,44
85 a 89 anos	71,36
90 a 94 anos	62,56
95 anos ou mais	50,36

Razão sexual por faixa etária (mulheres = 100)

© Fábio Corazza

Fonte: National Bureau of Statistics of China, adaptado de Statista.

O fim da política do filho único

Preocupados com o rápido envelhecimento da população, em 2016, as autoridades chinesas decretaram o fim da política do filho único no país. Permitiram e incentivaram que a população tivesse o segundo filho, e a partir de 2021, um terceiro filho. Esta liberação foi acompanhada pela promessa de políticas de apoio como emprego, auxílio financeiro, creche e educação, para mitigar as razões sociais e econômicas pelas quais os casais hesitam em ter mais filhos.

Mesmo assim a população chinesa vem crescendo cada vez menos. Com o alto custo de vida nas cidades e a discriminação profissional das mulheres mães, os chineses não se sentem inclinados a terem o segundo filho. O crescimento médio anual foi de 0,53%, uma queda de 0,04% em relação à década anterior. Em 2022, a população decresceu, tendência que continuou em 2023. A pirâmide etária na China pode se inverter, o que trará grandes consequências para o país em termos econômicos e sociais.

A baixa taxa de natalidade e o aumento da expectativa de vida provocam outro problema: o rápido crescimento do número de idosos no país. Em 2022, mais de 280 milhões de chineses tinham mais de 60 anos. O número de pessoas nessa faixa etária atingiu 297 milhões em 2023, correspondendo a 21% da população do país. Projeções indicam 402 milhões por volta de 2040, o que representa, aproximadamente, 28% da população total.

O grande temor das autoridades chinesas é que a sociedade se torne velha antes de ficar rica, o que agravaria ainda mais as tensões sociais. Afinal, pelo menos 70% dos idosos não são amparados por nenhum tipo de aposentadoria, e uma parcela ainda maior não possui seguro-saúde, especialmente no campo, onde esses benefícios inexistem.

POPULAÇÃO CHINESA COM 60 ANOS OU MAIS, 1950 × PROJEÇÃO 2100 (EM %)

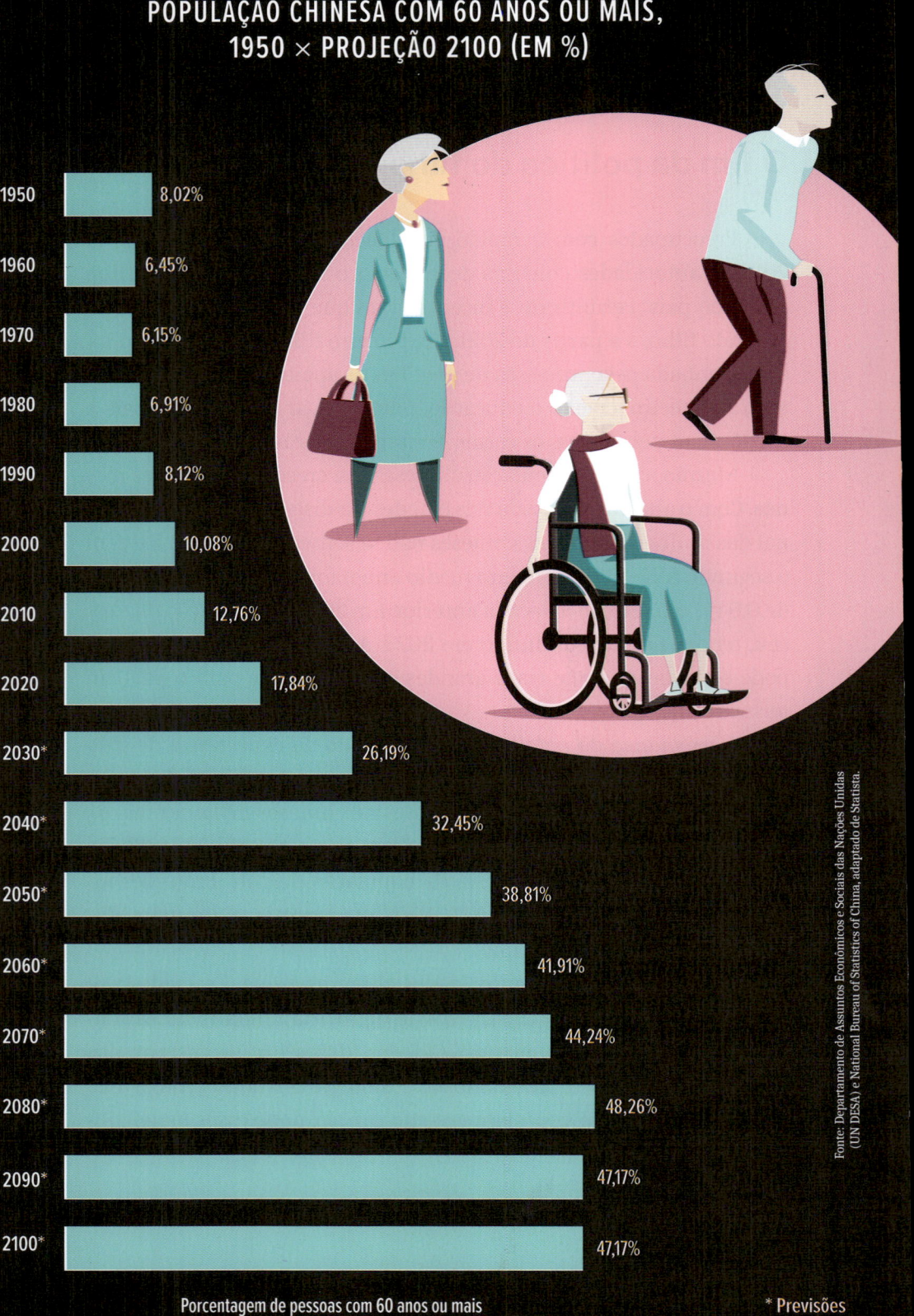

Ano	Porcentagem
1950	8,02%
1960	6,45%
1970	6,15%
1980	6,91%
1990	8,12%
2000	10,08%
2010	12,76%
2020	17,84%
2030*	26,19%
2040*	32,45%
2050*	38,81%
2060*	41,91%
2070*	44,24%
2080*	48,26%
2090*	47,17%
2100*	47,17%

Porcentagem de pessoas com 60 anos ou mais

* Previsões

Fonte: Departamento de Assuntos Econômicos e Sociais das Nações Unidas (UN DESA) e National Bureau of Statistics of China, adaptado de Statista.

A **Rússia** e sua prisão **continental**

Um dos maiores líderes políticos da história da Rússia, o czar Pedro, o Grande, no século XVIII afirmava que seu país vivia numa prisão continental, em razão das dificuldades de acesso a mares que não ficassem congelados durante grande parte do ano. Pode-se afirmar que, pelo menos desde essa época, a busca de saídas para os mares quentes tornou-se uma obsessão geopolítica de todos os monarcas que sucederam o czar Pedro, e mesmo daqueles que depois do desaparecimento do Império Russo governaram a União Soviética.

É interessante notar como Josef Stalin, o homem-forte da União Soviética entre 1923 e 1953, ao final da Segunda Guerra conseguiu, por meio de vários acordos, aumentar significativamente as extensões litorâneas do país. Esses ganhos, até certo ponto, serviram de base para o crescimento naval da União Soviética nas décadas posteriores.

Passando em revista os ganhos de territórios litorâneos, vemos, por exemplo, que na porção noroeste os acordos firmados ao fim da Segunda Guerra, em 1945, concederam à União Soviética áreas litorâneas da Finlândia que eliminaram o acesso dos finlandeses ao litoral do Mar Branco.

Outra vitória importante de Stalin aconteceu junto ao Mar Báltico. A incorporação da Estônia, da Lituânia e da Letônia ao território da União Soviética, além da porção setentrional do antigo território alemão da Prússia Oriental (região do porto de Kaliningrado), permitiu aos soviéticos transformar-se em "donos" da metade do litoral báltico. E a incorporação da Polônia e da ex-Alemanha Oriental ao bloco soviético aumentou ainda mais o "cacife" da União Soviética junto ao litoral desse mar.

Os litorais ocidentais da ex-URSS e da Rússia.

Litorais ocidentais da ex-URSS

Litorais ocidentais da Rússia atual

Outros ganhos também ocorreram nas costas do Mar Negro. A sovietização da Bulgária e da Romênia (que ainda perdeu a região da Bessarábia, transformada na república soviética da Moldávia) representou também ganhos "litorâneos" apreciáveis.

Na região do Mar Cáspio, não fossem as pressões dos Estados Unidos e da Grã-Bretanha ao final da Segunda Guerra defendendo interesses do Irã e da Turquia, esse mar fechado da Ásia Central teria se transformado num autêntico lago soviético.

No Extremo Oriente, a anexação das Ilhas Curilas e do sul da Ilha de Sacalina, que haviam sido tomadas do Império Russo pelo Japão em 1905, fizeram que a União Soviética passasse a ter controle quase absoluto dos mares de Okhotsk e do Japão.

Muitas dessas conquistas acabaram sendo perdidas quando ocorreu a desintegração da União Soviética, em 1991. Assim, na região do Báltico, a reunificação alemã, a "descomunização" da Polônia e a independência dos três países bálticos (Estônia, Letônia e Lituânia) reduziram a presença russa na região a duas pequenas "janelas" marítimas: a região de Kaliningrado, território completamente separado do resto da Rússia, e a região em torno de São Petersburgo, espremida entre a Estônia e a Finlândia.

Junto ao Mar Negro, as independências da Ucrânia e da Geórgia e a perda dos satélites búlgaro e romeno tiveram como resultado uma redução significativa da presença russa nessa região. Com a independência do Azerbaijão, do Cazaquistão e do Turcomenistão, a orla litorânea do Mar Cáspio sob soberania russa ficou também bastante reduzida.

Esse conjunto de fatos praticamente remeteu a Rússia à situação que existia no século XVIII em termos de fachada marítima. Especialmente na porção oeste, a Rússia corre o risco de ser asfixiada, já que suas saídas marítimas ficaram comprometidas.

Sobram, no entanto, as saídas do Extremo Oriente e do Ártico (onde a frota de navios quebra-gelo movidos a energia nuclear permite a navegação em todas as estações do ano), onde as ameaças não são imediatas. De qualquer forma, a advertência feita pelo czar Pedro há três séculos parece continuar bastante atual.

A guerra na
Ucrânia

Em 24 de fevereiro de 2022, o presidente Vladimir Putin autorizou tropas russas a invadirem a Ucrânia. Esta agressão fez ressurgir o espectro de uma guerra mundial, mas a resposta das potências ocidentais se limitou a sanções econômicas e apoio militar ao país invadido. O que levou a Rússia a este ataque?

Para entender o ponto de vista de Putin, é preciso recuar ao fim da Guerra Fria. Com o desmanche da União Soviética, a Otan perdeu sua razão de ser, pois essa aliança militar foi criada para se contrapor ao bloco liderado por Moscou, que já não existia. Porém, ao contrário de se desfazer, a Otan se expandiu e incorporou países que estiveram na órbita soviética. Esse foi o caso de Hungria, Polônia e República Tcheca, integradas em 1999. Ao incentivar a ampliação da Otan, visando consolidar seu domínio na Europa, os Estados Unidos descumpriram a promessa, feita ao líder soviético Mikhail Gorbachev, de que isso não aconteceria.

Na época, um conhecido teórico da contenção soviética na Guerra Fria chamado George Kennan previu os riscos que essa atitude envolvia: "A expansão da Otan será o erro mais fatal da política norte-americana desde o fim da Guerra Fria. É de esperar que essa medida atice as tendências nacionalistas, antiocidentais e militaristas da opinião pública russa, instaure uma atmosfera de Guerra Fria nas relações Leste-Oeste e oriente a política externa russa em uma direção que não corresponderá verdadeiramente a nossos desejos".

Ainda em 1999, a aliança atlântica entrou em guerra contra a Iugoslávia: o bloco defensivo se transformou em uma coalizão ofensiva. Mas por que a Otan cumpriu esse papel? A guerra em nome da Otan foi uma manobra das potências ocidentais para evitar que a Rússia exercesse o seu poder de veto no Conselho de Segurança da ONU. Naquele momento, os que trabalharam na Rússia para o fim da União Soviética, como o então presidente Boris Yeltsin, se sentiram traídos.

Em 2003, os Estados Unidos contrariaram a posição da ONU e formaram uma coalizão que atacou o Iraque, alegando a existência de armas químicas nunca encontradas. Em 2008, pressionaram os europeus para incorporar à Otan duas ex-repúblicas soviéticas, a Georgia e a Ucrânia. Ao mesmo tempo, insistiram no reconhecimento da independência do Kosovo, que era juridicamente uma província sérvia. As violações ao direito internacional e o desprezo pela Rússia se acumulavam.

Foi neste contexto que Putin se tornou primeiro-ministro (1999), e, em seguida, presidente da Rússia (2000-2008). Além da humilhação internacional, o país vivia uma aguda crise. A liberalização econômica não trouxe a prosperidade esperada, enquanto as privatizações comprometeram os serviços públicos. Prometendo recuperar a dignidade dos russos, que fizeram parte da segunda potência mundial no século XX, o presidente explorou sentimentos "nacionalistas, antiocidentais e militaristas", como previu Kennan, para construir um regime autoritário, mas com base popular. Há mais de vinte anos, Putin comanda o país com mão de ferro. Entre 2008 e 2012, foi primeiro-ministro e desde 2012 exerce a presidência.

E como a Ucrânia entra na história? Nos tempos em que fez parte da União Soviética, a Ucrânia era conhecida como o seu "celeiro", em função dos alimentos que produzia. Na atualidade, este país de 44 milhões de habitantes e um pouco maior do que a França é atravessado por uma rede de oleodutos e por um gasoduto por onde passa 90% do gás siberiano para a Europa.

Mas o ponto sensível na relação entre a Rússia e a Ucrânia é geopolítico. As potências ocidentais querem integrar a Ucrânia à Otan, o que é considerado inadmissível pelo governo russo. A posição em relação a este tema se tornou central na política ucraniana, assim como a adesão à União Europeia. O que acontecia na Ucrânia, interessava a todos.

Nas eleições de 2004, a suspeita de fraude desencadeou intensos protestos populares, que levaram a uma nova votação. A chamada "revolução laranja" terminou com a derrota do candidato simpático à Rússia. Em um país onde medo e obsessão se misturam, essa e outras "revoluções coloridas" foram interpretadas como operações para instalar regimes pró-ocidentais no espaço pós-soviético.

O ressentimento russo atingiu seu ápice quando europeus e estadunidenses apoiaram as manifestações que derrubaram o presidente Viktor Yanukovich em 2014. A queda desse aliado foi vista como um golpe de Estado para trazer a Ucrânia ao campo ocidental. Neste contexto, a Rússia anexou a Crimeia (2014) e apoiou, de forma não oficial, os separatistas da região do Donbass. Os russos apresentaram sua ingerência no país vizinho como uma resposta ao projeto ocidental de transformar a Ucrânia numa "anti-Rússia" nacionalista.

Quando a Ucrânia foi invadida em 2022, o presidente russo evocou intervenções militares que violaram o direito internacional na Iugoslávia e no Iraque como precedentes da sua própria violação. O pretexto utilizado é que havia um "genocídio" em curso no leste

A mudança do controle militar na Ucrânia, 2022 × 2023.

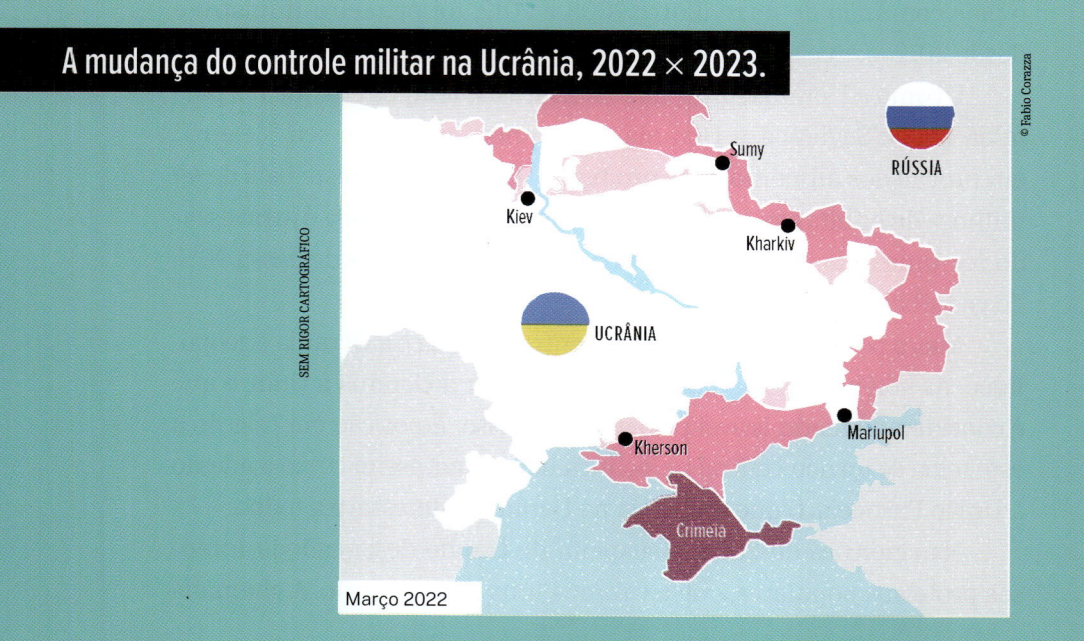

ucraniano, promovido por tropas "neonazistas" contra russos étnicos e separatistas da região. Concretamente, a Rússia reivindica o congelamento oficial da ampliação da Otan no leste, a retirada das tropas ocidentais dos países da Europa Oriental e a retirada das armas nucleares dos Estados Unidos instaladas na Europa. Em outras palavras, é uma atualização de exigências feitas desde o fim da Guerra Fria, que as potências ocidentais não concedem.

Paradoxalmente, a ofensiva bélica da Rússia teve como resultado imediato reforçar a aliança militar ocidental nas portas do seu próprio país. Ou seja, a guerra terminou acelerando aquilo que se queria evitar. No plano doméstico, intensificou-se o apelo nacionalista do regime, enquanto a oposição pública ao conflito foi criminalizada.

Um ano após o início da agressão russa, a guerra na Ucrânia ceifou mais de 7 mil vidas, além de milhares de feridos e refugiados. O conflito teve desdobramentos econômicos em todo o mundo e o seu desenlace permanecia incerto.

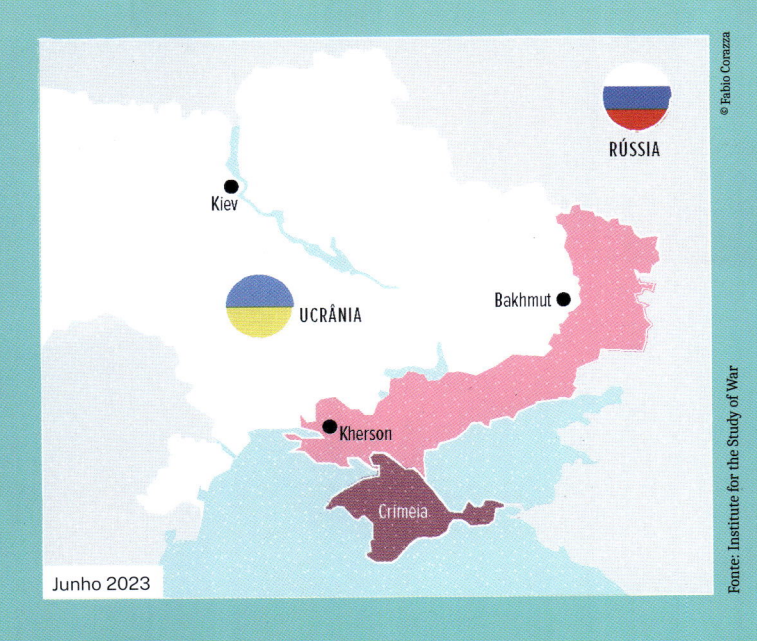

Junho 2023

RÚSSIA

UCRÂNIA

Kiev

Bakhmut

Kherson

Crimeia

© Fabio Corazza

Fonte: Institute for the Study of War

● Controle militar russo
● Controle militar russo limitado
● Anexada pela Rússia em 2014

Aquarelas
BRASILEIRAS

O Brasil na
pandemia

Em dezembro de 2019, um grupo de pessoas na cidade de Wuhan, na China, demonstrou sintomas de uma doença atípica semelhante a uma pneumonia, mas que não respondia bem aos tratamentos convencionais. No último dia daquele ano, o escritório da Organização Mundial de Saúde (OMS) no país foi informado de vários casos com esta característica, todos ligados a um mercado atacadista de frutos do mar na cidade. Em 23 de janeiro de 2020, o governo desse país decretou *lockdown* em Wuhan, para evitar que o vírus se espalhasse. Porém, ele já seguia para a Europa, onde chegou pela Itália e, em poucos dias, se espalhou pelo mundo. Em 11 de março de 2020, a Organização Mundial de Saúde (OMS) decretou que a doença tinha se tornado, oficialmente, uma pandemia.

Covid-19 foi o nome dado a essa doença causada pelo vírus SARS-CoV-2. Em 21 de fevereiro de 2020, a Itália confirmava a primeira infecção. Em pouco tempo, os casos se multiplicaram, tornando esse país o epicentro da pandemia, na primavera europeia. A Itália foi a pioneira no *lockdown* em escala nacional, decretado diante do número de infecções e de mortes causadas pelo novo vírus, com a proibição de as pessoas circularem pelas ruas, permitido o funcionamento apenas de farmácias e supermercados. Logo a Espanha se viu obrigada a tomar as mesmas medidas. Naquele momento, sabia-se muito pouco sobre a doença que se espalhava numa velocidade assustadora. A Europa e as Américas se alarmaram diante da evolução rápida, com significativa taxa de internação nas UTIs e importante letalidade. Na Europa, os sistemas de saúde estavam colapsando, em especial na Itália e na Espanha.

O primeiro caso de Covid-19 foi registrado no Brasil em 26 de fevereiro de 2020, vindo da Itália. O vírus também se espalhou rapidamente pelo país. Em 17 de março de 2020, vários estados decretaram a restrição de circulação de pessoas, fim das aulas presenciais e o fechamento de muitos escritórios e prestação de serviços. A primeira morte confirmada por Covid-19 ocorreu em 20 de março.

A pandemia tornou-se global. Europa e Estados Unidos foram duramente atingidos, com a chamada primeira onda, que chegou ao seu pico em abril de 2020. O número de infectados e de mortes disparava. No Brasil, as infecções e a letalidade também cresciam rapidamente. O auge da primeira onda brasileira se deu em julho. Temia-se o colapso da rede hospitalar, que, com as internações em UTIs, estavam no limite de sua capacidade. O governo federal, do então ex-presidente Bolsonaro, minimizava a ocorrência da pandemia e seus efeitos devastadores.

Após um relaxamento nas medidas de contenção social, dada a diminuição dos casos, os países europeus e os Estados Unidos tiveram uma avassaladora segunda onda durante o inverno, no começo de 2021. No Brasil, o seu pico aconteceu em abril do mesmo ano. No primeiro semestre de 2023, o número de mortes pela Covid-19 e suas complicações no Brasil bateu a marca de 700 mil segundo dados do Ministério da Saúde. Em termos absolutos, apenas nos Estados Unidos houve mais vítimas letais.

Embora o impacto letal da pandemia tenha sido comparado à gripe espanhola de cem anos atrás, pesquisas indicam que episódios similares têm se tornado mais frequentes no mundo atual. Segundo o epidemiologista evolutivo Rob Wallace, em seu livro *Pandemia e agronegócio: doenças infecciosas, capitalismo e ciência* (Editora Elefante, 2021), o sistema industrial de criação de aves, suínos e gado oferece condições favoráveis ao surgimento e difusão de patógenos mortais. A origem dos patógenos por trás de epidemias como a gripe suína (H1N1), em 2009, no México, e a gripe aviária (H5N1), em 2003, na China, está relacionada à forma como a sociedade organiza suas atividades produtivas e a seus impactos ecológicos. Assim, estando esse enfoque correto, é preciso rever as formas de organização produtiva que caracterizam o agronegócio e o abate industrial de animais, a fim de prevenir novas pandemias.

TOTAL DE MORTES × POPULAÇÃO, DEZEMBRO DE 2022

País	Mortes	População
Estados Unidos	791.514	332.915.074
Brasil	616.018	213.993.441
Índia	473.952	1.393.409.033
México	295.313	130.262.220
Rússia	278.131	145.912.022
Peru	201.450	33.359.415
Reino Unido	146.281	68.207.114
Indonésia	143.893	276.361.788
Itália	134.386	60.367.471
Irã	130.356	85.028.760

Fonte: Our World in Data.

O negacionismo e as *fake news*

Desde o início da pandemia, surgiram *fake news* que associavam o surgimento do vírus a uma estratégia da China para enfraquecer a economia ocidental e assumir a liderança mundial. Também se dizia que o vírus não era tão letal, que a doença se restringia aos idosos e pessoas com comorbidades, entre muitas outras mentiras. Cresceu rapidamente o negacionismo, ou seja, as pessoas passaram a negar fatos com comprovação científica e negar a realidade como forma de escapar de uma verdade desconfortável.

A comunidade científica se deparava com uma situação inusitada. Havia a urgência de uma vacina ou de remédios para combater uma pandemia global no menor tempo possível, e ao mesmo tempo era preciso se desviar da artilharia de notícias falsas que questionavam até a existência do vírus. Várias pesquisas foram sendo anunciadas, inclusive a do tratamento precoce, sem que se conseguisse ser comprovada sua eficácia.

Laboratórios do mundo inteiro passaram a correr contra o tempo para fabricar a vacina contra o vírus. Sabia-se que a contenção da circulação de pessoas, o uso de máscaras, a higienização das mãos e o distanciamento social não eram capazes de impedir completamente a propagação do vírus, embora fossem elementos importantes para restringir sua circulação.

Crescia no mundo o movimento *antivax* (antivacina), que muitas vezes se apoiava em *fake news* para duvidar e desacreditar da eficiência das vacinas, questionando se elas não fariam mais mal do que bem à saúde humana. A consequência disso foi o aumento de casos de doenças dadas como controladas, como a poliomielite e o sarampo.

A vacinação contra a Covid-19 teve início em 8 de dezembro de 2020, no Reino Unido. No Brasil, o Instituto Butantan juntamente com a empresa chinesa Sinovac desenvolveram uma vacina, a CoronaVac. Inacreditavelmente, houve resistência do governo federal em relação à eficácia da vacina e mesmo em reconhecer a magnitude da pandemia. O então presidente Jair Bolsonaro incentivava o uso de remédios comprovadamente não eficazes no combate à doença, enquanto *fake news* se propagavam pelas redes sociais, questionando a rapidez dos processos industriais farmacêuticos responsáveis pela vacina – resultado da tecnologia atual e urgência diante de uma pandemia. Com uma política pública negacionista, o Ministério da Saúde priorizou a "imunização de rebanho", que partia do princípio de que uma grande proporção de pessoas estaria protegida naturalmente por já ter tido a doença e ficaria resistente a reinfecções.

A estratégia federal e a obstrução constante às respostas estaduais e municipais resultaram na disseminação do vírus. Mas o que teria levado esse governo a condutas que agravaram o quadro sanitário no país, arriscando a vida de milhares de pessoas? Uma extensa pesquisa do Centro de Pesquisas e Estudos de Direito Sanitário (Cepedisa) da Faculdade de Saúde Pública da Universidade de São Paulo, concluída em maio de 2021, fundamentou a instalação de uma Comissão Parlamentar de Inquérito (CPI), que procurou respostas a esta pergunta. A CPI concluiu que o governo agiu de forma não técnica, expondo de propósito a população ao vírus.

Reunião de cúpula: Omar Aziz, Humberto Costa, Randolfe Rodrigues, Otto Alencar e Renan Calheiros conversam durante CPI da Covid.

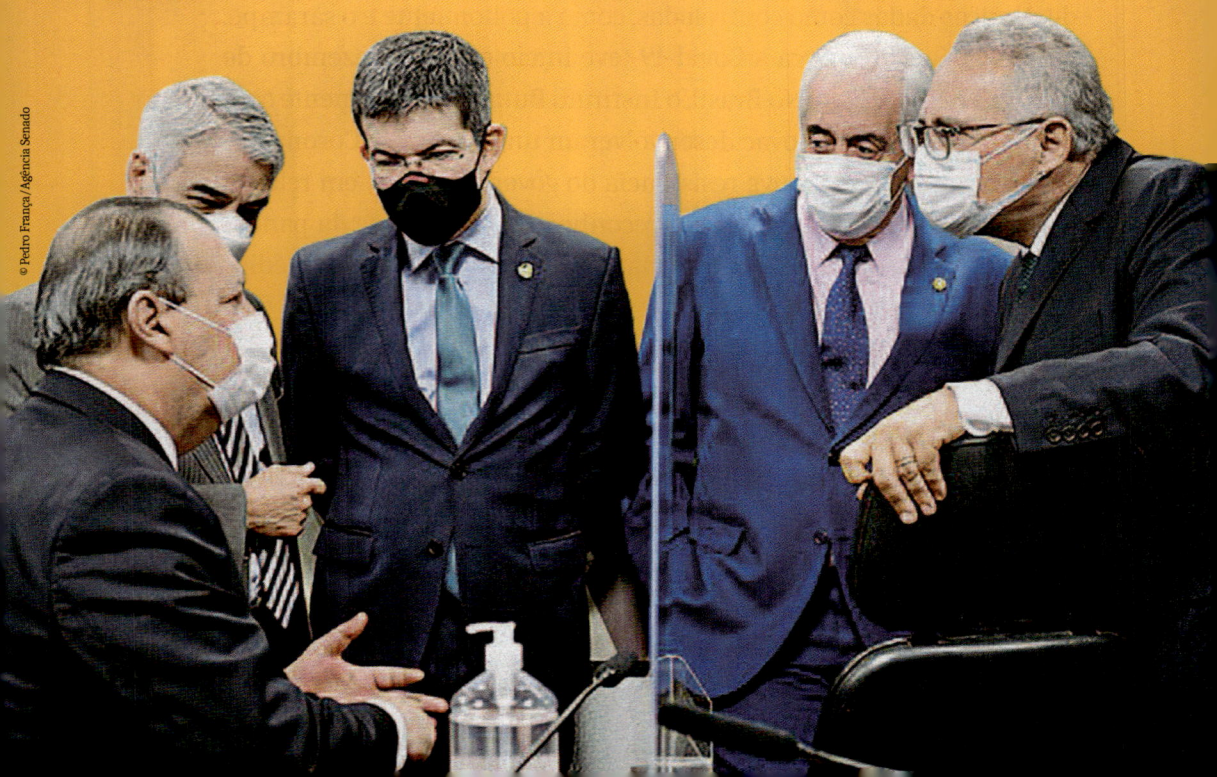

As desigualdades sociais no Brasil e a fome

Nossa história é marcada pelo fenômeno das desigualdades, que ocorrem tanto nos países ricos quanto nos pobres. Nos primeiros, temos uma espécie de oceano de prosperidade com algumas ilhas de exclusão social. Já nos países pobres, é o inverso. Especialmente nas últimas décadas, tanto nas sociedades mais ricas (de forma cada vez mais perceptível) quanto nas mais pobres, tem se ampliado o fosso que separa os "incluídos" dos "excluídos".

A tendência à concentração de renda que gera desigualdades e exclusão sociais não é fenômeno recente nem exclusivo do Brasil, que figura como um dos países mais desiguais do mundo. A dramática situação de exclusão social que vivemos na atualidade tem sua origem no processo inicial de estruturação da sociedade brasileira.

Assim, desde o período colonial e durante a época do Brasil imperial, o monopólio da terra por uma elite de latifundiários e a base escravista do trabalho foram os fundamentos que deram origem a uma rígida estratificação de classes sociais. No mesmo ano em que a lei Eusébio de Queirós proibiu o tráfico de escravizados (1850), foi promulgada a lei de Terras, que praticamente interditou o acesso à terra para os antigos cativos. O fim da escravatura, da qual o Brasil foi o último país nas Américas a se livrar, não aboliu o monopólio da terra, fonte de poder econômico e principal meio de produção até as primeiras décadas do século XX. O abismo social entre o enorme número de trabalhadores e a diminuta elite de grandes proprietários rurais delineou as bases da atual concentração de renda do país.

O Brasil passou por grandes transformações ao longo do século XX. Sua economia tornou-se cada vez menos agrária, a indústria passou gradativamente a ser a atividade econômica mais dinâmica, a população cresceu e rapidamente se urbanizou, a sociedade tornou-se mais complexa, mas a concentração da renda não só persistiu, como se aprofundou, pois a grande maioria da população permaneceu à margem do mercado consumidor de bens duráveis.

Todavia, a crise do modelo de substituição das importações, na década de 1980, e o seu colapso, seguido da aplicação de doutrinas neoliberais na década seguinte, não só levaram à ampliação das desigualdades sociais como também permitiram compreender melhor que, à medida que a sociedade incorpora novas realidades, criam-se novas necessidades (acesso à educação, ao trabalho, à renda, à moradia, à informação etc.) que vão além da simples subsistência.

Essas transformações mais recentes cristalizaram dois "tipos" de exclusão social, um "antigo" e outro "recente". O primeiro refere-se à exclusão que afeta segmentos sociais que historicamente sempre estiveram excluídos. O segundo atinge aqueles que, em algum momento da vida, já estiveram socialmente incluídos.

Segundo a Pesquisa de Orçamentos Familiares, divulgada pelo Instituto Brasileiro de Geografia e Estatística (IBGE) em 2018, os 10% mais ricos ganham cerca de 17,6 vezes mais que os 40% mais pobres.

No Brasil, as desigualdades analisadas pelo ângulo da concentração de renda indicam que o rendimento dos 10% mais ricos da população é cerca de vinte vezes maior que o rendimento médio dos 40% mais pobres. Mais ainda: o total da renda dos 50% mais pobres é inferior ao total da renda do 1% mais rico. Esses dados comprovam que o crescimento econômico brasileiro se desenvolveu sob o signo da concentração de renda. As grandes desigualdades sociais também se manifestam nas unidades regionais do país.

A partir de 2015, houve uma piora na desigualdade econômica e na renda dos brasileiros diretamente relacionada com a crise econômica que teve início em 2014. Cresceu o desemprego e o maior nível educacional tornou-se um diferencial na recolocação profissional. Em um mercado mais competitivo e exigente, e com menos vagas disponíveis, os mais qualificados passaram a ter mais chances de uma nova colocação no mercado de trabalho, afetando assim os menos instruídos e mais pobres. Por outro lado, a expansão do acesso ao ensino superior não correspondeu a uma ampliação equivalente dos empregos qualificados. Além da concorrência por postos de trabalho escassos, a redução das jornadas de trabalho e a diminuição da rede de proteção social contribuíram para a queda da renda das camadas mais pobres.

Os anos de 2020 e 2021 foram particularmente difíceis, visto que a pandemia da Covid-19 obrigou o fechamento parcial de muitas atividades em diversos setores, agravando o cenário econômico. Mais uma vez, os mais atingidos pela perda de renda e qualidade de vida foram os mais pobres.

O índice de Gini, criado pelo estatístico Corrado Gini, serve de instrumento de medição do grau de concentração de renda em um determinado grupo. Varia de zero a um, sendo o zero o valor que representa uma situação de igualdade de rendimento entre ricos e pobres, e o um representa maior desigualdade.

Índice de Gini* × Mortalidade por Covid-19, 2020.

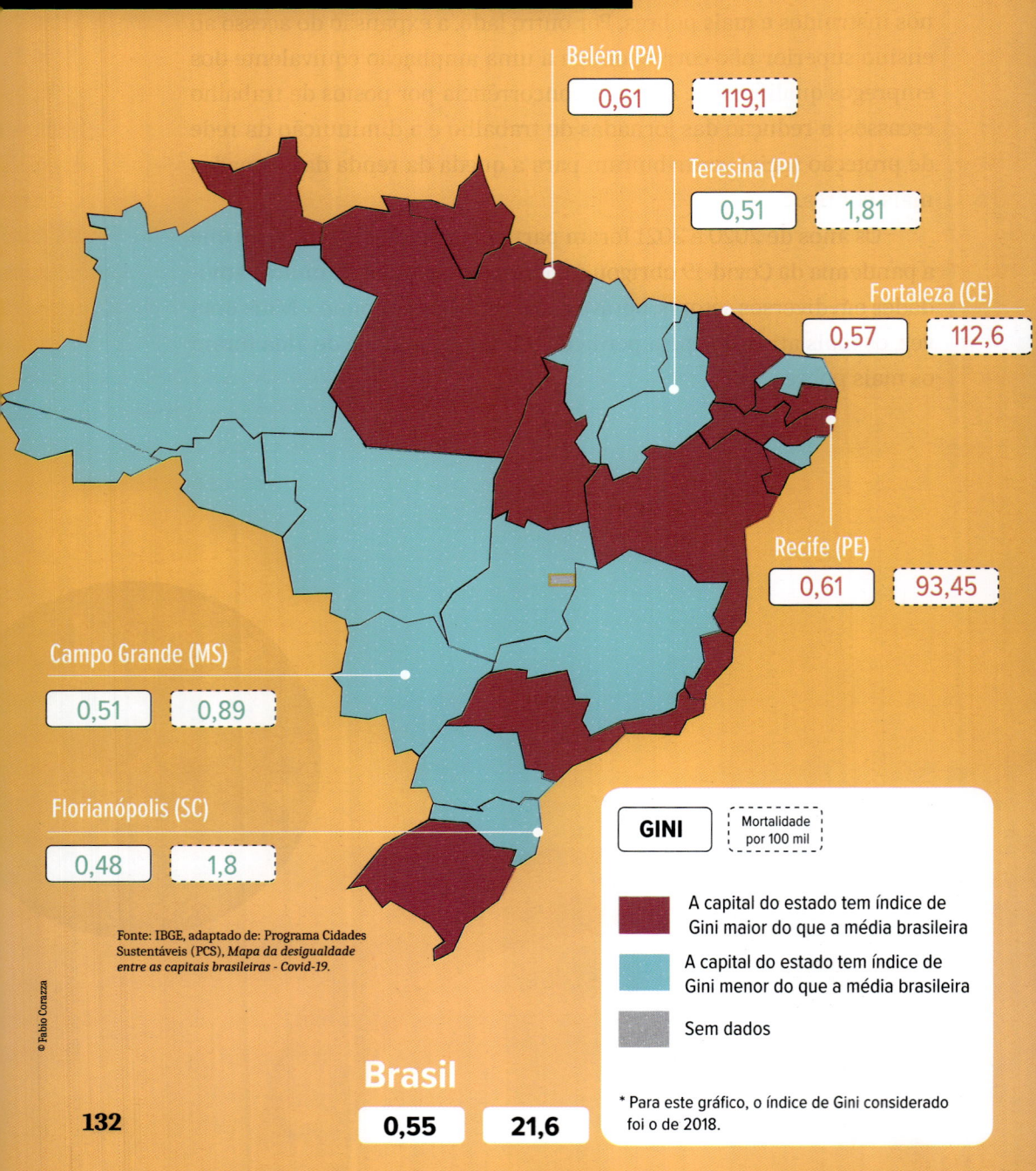

Belém (PA)
0,61   119,1

Teresina (PI)
0,51   1,81

Fortaleza (CE)
0,57   112,6

Recife (PE)
0,61   93,45

Campo Grande (MS)
0,51   0,89

Florianópolis (SC)
0,48   1,8

Fonte: IBGE, adaptado de: Programa Cidades Sustentáveis (PCS), *Mapa da desigualdade entre as capitais brasileiras - Covid-19.*

© Fabio Corazza

| GINI | Mortalidade por 100 mil |

A capital do estado tem índice de Gini maior do que a média brasileira

A capital do estado tem índice de Gini menor do que a média brasileira

Sem dados

Brasil
0,55   21,6

* Para este gráfico, o índice de Gini considerado foi o de 2018.

A maior exclusão

A Síntese de Indicadores Sociais (SIS), divulgada pelo Instituto Brasileiro de Geografia e Estatística (IBGE) traz dados que comprovam que os pretos e pardos são os grupos da população brasileira que mais sofrem com a exclusão social, visto que o desemprego e a informalidade são superiores para esse conjunto de pessoas da nossa população. São também eles os que predominam na situação de pobreza e extrema pobreza, além de terem, em maior proporção, moradias com algum tipo de inadequação – como falta de saneamento básico, esgoto e condições mínimas de convivência.

Segundo a Pesquisa Nacional por Amostra de Domicílios Contínua, disponibilizada pelo IBGE em 2019, a população negra e parda é maioria total, além da maioria entre os com os menores rendimentos, com 77% dessa fatia. Já entre os 10% com maiores rendimentos, a proporção inverte-se, sendo 70,6% composta por brancos.

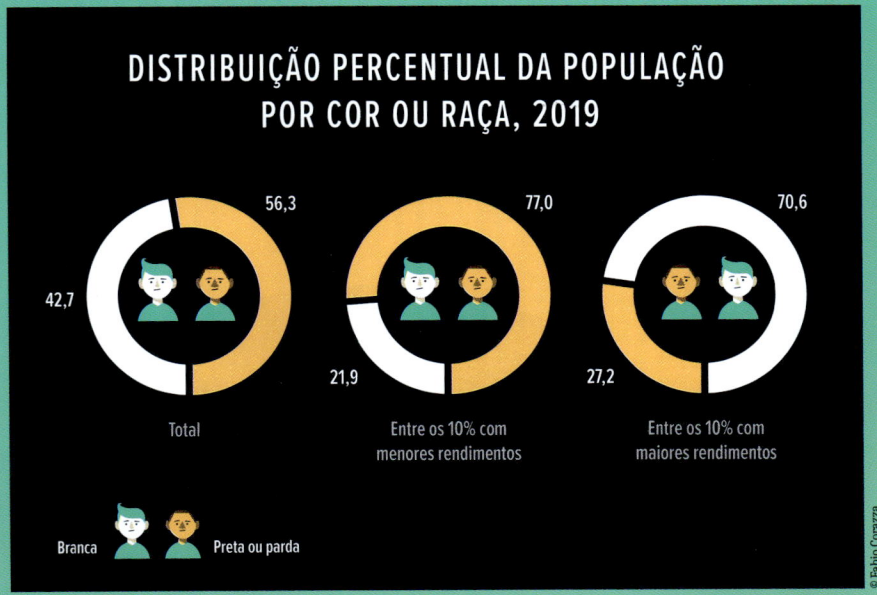

Fonte: PNAD Contínua - IBGE.

O crescimento da fome

Insegurança Alimentar (IA) é a falta de disponibilidade e acesso pleno e permanente a alimentos, e nosso país viu, nos últimos anos, um novo crescimento desse grave problema, exacerbado no contexto da pandemia que assolou o planeta. Segundo o II VIGISAN – Inquérito Nacional sobre Insegurança Alimentar no Contexto da Pandemia da Covid-19 no Brasil, no final de 2020, 19 milhões de pessoas conviviam com a fome, passando para 33,1 milhões no começo de 2022, ou seja, a IA grave subiu de 9% para 15,5%, um aumento expressivo de 14 milhões de brasileiros nessa condição em um ano. O relatório ainda mostra que a IA é mais grave nos domicílios rurais, atingindo mais de 60% da população, e com proporções maiores em suas formas mais severas.

A fome no Brasil também tem cor e gênero. Seguindo as disparidades do país, a IA grave se apresenta com força nos lares de famílias chefiadas por mulheres (um aumento de 11,2% para 19,3%) e de responsáveis autodeclarados pretos ou pardos: 6 de cada 10 domicílios vivem em algum grau de IA.

DISTRIBUIÇÃO DE SEGURANÇA ALIMENTAR NO BRASIL (URBANO E RURAL), 2021–2022 (PERCENTUAL)

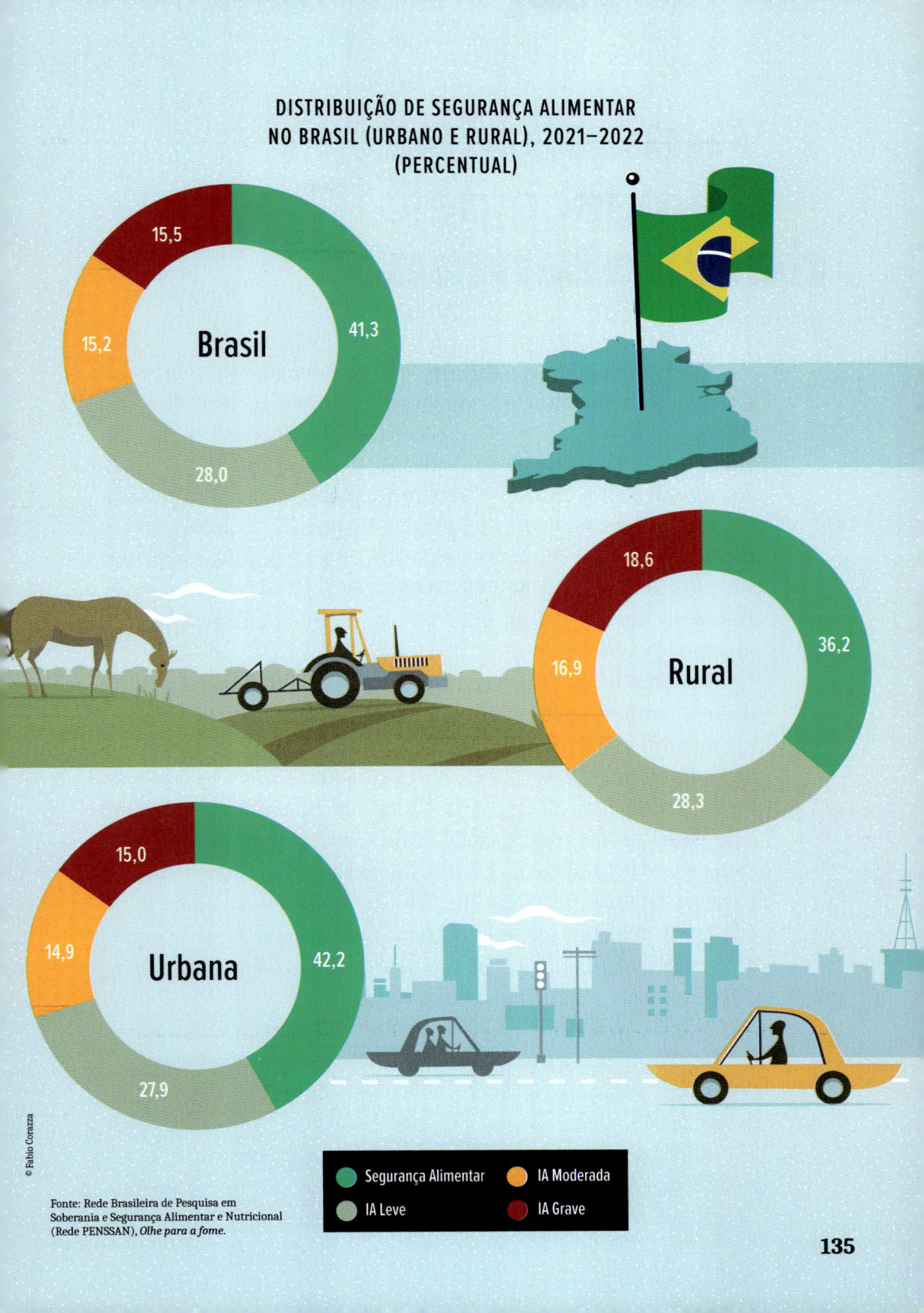

Brasil: 41,3 · 28,0 · 15,2 · 15,5

Rural: 36,2 · 28,3 · 16,9 · 18,6

Urbana: 42,2 · 27,9 · 14,9 · 15,0

Legenda:
- Segurança Alimentar
- IA Leve
- IA Moderada
- IA Grave

© Fabio Corazza

Fonte: Rede Brasileira de Pesquisa em Soberania e Segurança Alimentar e Nutricional (Rede PENSSAN), *Olhe para a fome*.

Amazônia:
a ameaça pelo
desmatamento

As últimas informações a respeito do desmatamento da Amazônia indicam um aumento significativo do ritmo da destruição da floresta, com números muito preocupantes. Segundo o Instituto do Homem e Meio Ambiente da Amazônia (Imazon), em 2022 a Amazônia Legal perdeu 10.573 km² de cobertura vegetal, o que representa quase 3 mil campos de futebol por dia. No período de 2018 e 2022 a perda florestal na Amazônia alcançou 35.193 km², uma área superior aos estados de Alagoas e Sergipe. O período coincide com o governo Bolsonaro, em que dados sobre o desmatamento foram constantemente questionados.

Em anos recentes, a expansão da soja tem impulsionado o processo de desmatamento. Como um dos efeitos colaterais dessa expansão, a tradicional atividade pecuária tem sido "empurrada" para áreas da franja meridional da Floresta Amazônica. Em vários municípios da região central de Mato Grosso o rebanho vem diminuindo, enquanto a produção de soja vem se expandindo. Também tem havido grande crescimento do número de bovinos na porção norte daquele estado. Em cerca de dez anos, a soja expandiu-se celeremente para o norte do estado e a área plantada teve um grande incremento. Além da soja e da pecuária, a grilagem de terras públicas para especulação e exploração corrobora o desmatamento na região.

Dos nove estados que compõem a Amazônia Legal, os mais afetados pelo desmatamento em 2022 foram o Pará, o Amazonas e o Mato Grosso, que somam 76% da derrubada total da região, com um aumento de 24% no Amazonas, comparado com 2021. O desmatamento avança principalmente na divisa com Rondônia e Acre, em uma região de expansão agropecuária chamada "Amacro". O desmatamento tem sido mais dramático nas porções orientais e meridionais da Amazônia abarcando uma vasta área na qual poderia ser incluído também o oeste do Maranhão, que forma um cinturão que passou a ser denominado "arco do desmatamento".

Na Amazônia Legal, a área cultivada e a destinada à pecuária bovina cresceram 165% e 89% de 2000 a 2019, respectivamente. O Mato Grosso é o estado com a maior área agrícola (166,4 mil km^2).

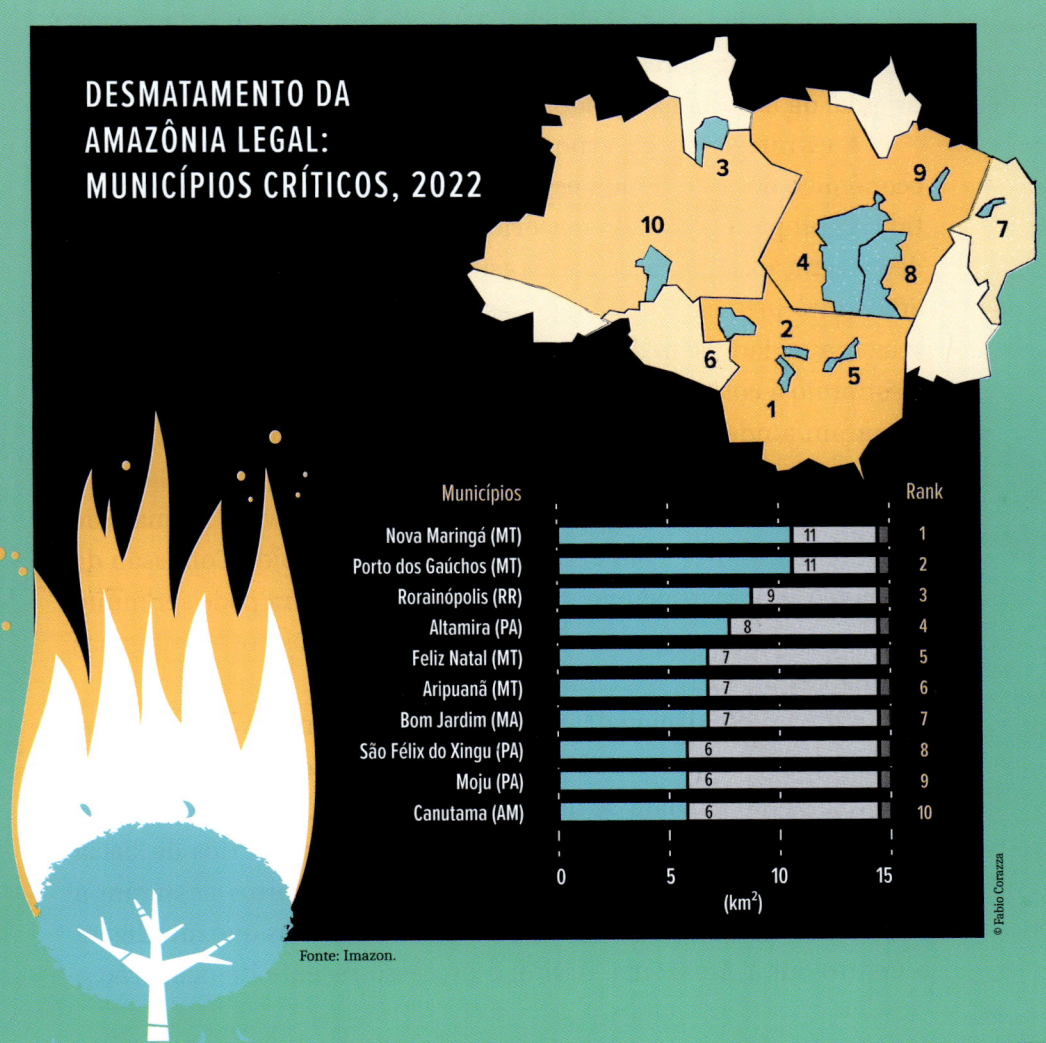

DESMATAMENTO DA AMAZÔNIA LEGAL: MUNICÍPIOS CRÍTICOS, 2022

Municípios		Rank
Nova Maringá (MT)	11	1
Porto dos Gaúchos (MT)	11	2
Rorainópolis (RR)	9	3
Altamira (PA)	8	4
Feliz Natal (MT)	7	5
Aripuanã (MT)	7	6
Bom Jardim (MA)	7	7
São Félix do Xingu (PA)	6	8
Moju (PA)	6	9
Canutama (AM)	6	10

(km^2)

© Fabio Corazza

Fonte: Imazon.

Essa concentração espacial da destruição tem como explicação o processo de ocupação pelo qual toda a Amazônia brasileira tem passado nas últimas décadas. Até a década de 1960, o fenômeno do desmatamento era bem pouco expressivo, não só em função da pequena população estabelecida na região, como também pelo tipo de atividades econômicas ali desenvolvidas, especialmente o extrativismo vegetal (borracha, castanha etc.), que causava danos superficiais ao meio ambiente. Nessa época a única forma efetiva de penetração na região era por meio da navegação fluvial, fato que também contribuía para a preservação da floresta. Até 1978, cerca de apenas 4% da vegetação original da floresta havia sido destruída.

A estratégia do governo em integrar a Amazônia ao contexto econômico do país mudou esse panorama. A transferência da capital federal para Brasília e posteriormente a construção de rodovias de integração, como a Belém-Brasília, estimularam a expansão das atividades primárias ao longo das novas estradas que passaram a cruzar a região. Além disso, a descoberta de novas jazidas minerais, o estímulo à colonização e a grilagem das terras disponíveis impulsionaram ainda mais a ocupação e o desmatamento. Intensificada pela ditadura brasileira, a colonização da Amazônia foi vivida pelos povos indígenas como uma invasão, que custou a vida de mais de 8 mil nativos entre 1946 e 1988, segundo relatório da Comissão da Verdade, embora o documento ressalte que esta cifra pode ser muito maior, uma vez que apenas uma parcela restrita dos povos indígenas foi analisada.

A integração nacional inverteu o eixo da colonização amazônica. Da época colonial até meados do século XX, as correntes principais de povoamento moviam-se no sentido leste-oeste, através dos cursos fluviais, estabelecendo núcleos junto às margens dos rios da bacia amazônica. Nas últimas décadas, os fluxos migratórios passaram a se verificar no sentido sul-norte, através das rodovias que interligam o Centro-Sul à Amazônia. Assim, o processo recente de ocupação e valorização econômica do espaço passou a exercer um impacto inédito sobre o ambiente natural.

Os maiores problemas da Amazônia são as queimadas pelo avanço da fronteira agrícola, a derrubada de árvores para a comercialização de madeiras nobres e os garimpos ilegais. Para se ter ideia, em 2020, cerca de 2 milhões de árvores, ou 3.795 hectares de vegetação nativa e toda a sua biodiversidade associada, despareceram. O que mais chama a atenção é o fato de mais de 95% das queimadas que aconteceram na Amazônia em 2020 serem ilegais. Falta fiscalização e nos últimos anos, o Ibama, órgão responsável pela fiscalização do desmatamento, só atuou 5% dos focos de incêndio com embargos e multas.

Diante do crescimento das queimadas e do desmatamento, a reação internacional foi bastante crítica. Em 2019, primeiro ano do governo Bolsonaro, o Fundo Amazônia, iniciativa para combater desmatamento e crimes ambientais, foi suspenso após discordância da equipe do então presidente com os principais doadores: a Alemanha e a Noruega. Esses dois países, junto da Dinamarca, França, Holanda, Itália, Reino Unido e Bélgica, assinaram uma carta, em 2022, para o então vice-presidente Hamilton Mourão, afirmando que a "atual tendência crescente de desflorestamento no Brasil está tornando cada vez mais difícil para empresas e investidores [da Europa] atenderem a seus critérios ambientais, sociais e de governança". Com a eleição do presidente Lula, a situação brasileira parece estar mudando, com a reativação do Fundo Amazônia em 2023 e investimento de 3 bilhões de reais pela Noruega, R$ 2,5 bilhões pelos Estados Unidos e R$ 500 milhões pelo Reino Unido.

A importância da Floresta Amazônica é muito grande. As plantas retiram CO_2 da atmosfera e pela fotossíntese expelem oxigênio. Hoje, a quantidade de CO_2 emitida pela floresta já é maior do que a sua produção de oxigênio. Além disso, devido à grande umidade (evapotranspiração), verdadeiros "rios voadores" se formam sobre a Amazônia e são responsáveis pela circulação de grande parte da umidade que se dispersa pela América do Sul, principalmente para o Centro-Oeste, Sudeste e o Sul do Brasil, afetando diretamente o regime de chuvas dessas áreas. Com o desmatamento, os cientistas acreditam que a pressão diminui, influenciando as correntes de vento da atmosfera, afetando negativamente os índices pluviométricos dessas regiões.

A geógrafa Bertha K. Becker (1990-2013), conhecida como "cientista da Amazônia", defendia a ideia de que a Floresta Amazônica só será conservada quando lhe for atribuída um valor capaz de gerar dividendos enquanto ela estiver "em pé". Nesse sentido há vários campos a serem explorados e desenvolvidos, como a nutracêutica (alimentos naturais encontrados na floresta e que geram bem-estar e saúde) e a dermocosmética (matérias-primas para a produção de cosméticos), especialidades cada vez mais exploradas, tanto no Brasil como internacionalmente.

A Amazônia também tem um grande potencial de geração de créditos de carbono. Uma perspectiva alternativa questiona as formas de relação da humanidade com a natureza: em lugar de enfocar a floresta como um "recurso" a ser explorado, a Amazônia é vista como um bem comum que deve ser cuidado como parte integrante da vida no planeta.

Brasil: recursos hídricos e **crise hídrica**

O Brasil é considerado o país com o maior "estoque" de recursos hídricos do mundo, já que ostenta sozinho cerca de 13% do total mundial. Essa aparente abundância esconde grandes variações regionais, já que o "ouro azul" não se encontra distribuído de forma equânime pelo território.

Abrigando pouco mais de 15% da população brasileira, as regiões Norte e Centro-Oeste concentram mais de 80% dos recursos hídricos do país. Já o Sudeste e o Nordeste, que reúnem cerca de 70% do contingente demográfico nacional, detêm pouco menos de 10% dos recursos hídricos. O Nordeste abriga quase 30% dos brasileiros, com 3,3% dos recursos hídricos nacionais, é a região menos provida do país. Pode parecer que esse "estoque" hídrico é pouco para o total da população regional, mas, se a água fosse bem distribuída, poderia sustentar uma população muito maior.

Ocorre que há algumas áreas onde esses recursos são abundantes (como no Maranhão ou no sul da Bahia) e áreas, como vastas porções do Sertão semiárido (cerca de metade do território regional), em que o bem é naturalmente escasso por conta da combinação das dinâmicas naturais da região, como a irregularidade das chuvas, os altos índices de evaporação e a natureza dos solos. Mesmo no interior do Sertão semiárido podem ser encontradas "ilhas" de umidade, os brejos, onde os recursos hídricos são relativamente abundantes.

No Sudeste, a mais populosa das regiões e a segunda menos provida de recursos hídricos, estes últimos também não estão equitativamente distribuídos pelo espaço regional. Por exemplo, o norte de

Minas Gerais apresenta características similares às encontradas no Sertão semiárido nordestino. Já em certas encostas da Serra do Mar mais próximas à orla, especialmente no litoral norte de São Paulo, estão algumas áreas muito úmidas, onde são registrados alguns dos locais com os mais altos índices pluviométricos do país.

A ocupação e os recursos hídricos

Até as primeiras décadas do século XX, a região tinha como principais atividades econômicas a agropecuária (cana-de-açúcar, café e pecuária extensiva) e a extração de minerais, voltadas para o mercado interno e externo. A partir da metade do século XX, a região rapidamente se industrializou e urbanizou, chegando, algumas décadas mais tarde, a constituir um expressivo parque industrial e gerando populosas áreas metropolitanas, como as de São Paulo, Rio de Janeiro e Belo Horizonte.

O resultado desse rápido processo de crescimento urbano-industrial fez-se sentir na década de 1970, quando a população, especialmente dos grandes centros urbanos, passou a conviver com índices cada vez maiores de poluição do ar, da água, do solo etc. Atualmente, em algumas áreas da região, a população sofre periodicamente com problemas de racionamento de água, especialmente no período de estiagens sazonais.

Na região Sul, os conflitos entre os setores usuários da água – agropecuária, indústrias e comércio/residências – têm aumentado nas seis últimas décadas, quando os efeitos combinados da mecanização agrícola, da urbanização e da industrialização trouxeram impactos na qualidade e na quantidade dos recursos hídricos.

O processo de desmatamento de amplas áreas da região para o plantio de produtos destinados aos mercados interno e externo deixou o solo desprotegido e sujeito à ação do intemperismo, acelerando os processos erosivos. Quantidades significativas de sedimentos foram e continuam sendo carregados para os rios, diminuindo seu volume. Com isso, ficam prejudicados o abastecimento urbano e industrial, a geração de energia elétrica e a navegação. Além disso, se acentuaram os efeitos das recorrentes inundações nos centros urbanos, por exemplo, no Vale do Itajaí. Ademais, o uso intensivo de produtos químicos na agricultura, como fertilizantes e agrotóxicos, tem poluído o solo, as águas superficiais e os lençóis freáticos.

Na região Centro-Oeste, segunda maior detentora de água do país e a menos populosa, os conflitos de interesse entre os setores usuários dos recursos hídricos têm se agravado rapidamente com a urbanização acelerada e o desmatamento progressivo de grandes áreas destinadas ao uso agropecuário.

Até o início da década de 1960, quando a capital do país mudou para Brasília, praticamente não se registravam conflitos pelo uso da água. Com a implantação, pelo governo federal, de programas especiais e a extensão da política de colonização da região Amazônica para o Centro-Oeste, essa situação começou a mudar. Grandes extensões de terras foram desmatadas para a formação de pastagens, plantio de culturas alimentares, especialmente soja e algodão, e produção de carvão vegetal.

A destruição da vegetação original da região, tanto das matas ciliares como dos cerrados, continua a acontecer, atingindo as encostas de morros, margens e nascentes de rios, que deveriam ser áreas de preservação ambiental. Hoje, o cerrado já tem mais de 50% de sua área de cobertura nativa totalmente devastada. A produção de grãos para exportação, que utiliza água em larga escala para irrigação, adubos químicos e agrotóxicos para a correção do solo do cerrado, tem causado sérios danos ambientais ao solo e aos recursos hídricos, tanto superficiais como subterrâneos. A água, até então farta, em alguns locais começa a apresentar sinais de escassez e comprometimento de qualidade, sendo percebida sua diminuição na vazão dos rios e na disponibilidade para o abastecimento doméstico e industrial, além do agrícola. Para agravar o quadro, a disponibilidade de recursos hídricos em todo o país (e no mundo) está sendo fortemente impactada pelos eventos climáticos extremos, decorrentes do aquecimento global.

Embora os conflitos entre usuários dos recursos hídricos, em quase todas as regiões do Brasil, estejam relacionados com a escassez quantitativa e qualitativa desse recurso, na Região Norte, que detém cerca de 70% dos recursos hídricos do país e abriga pouco menos de 10% da população, esses conflitos estão relacionados especialmente com a poluição das águas. Esse é um problema que atinge sobremaneira, mas não exclusivamente, as comunidades ribeirinhas que ainda utilizam diretamente as águas dos rios.

A poluição das águas no norte do país deve-se especialmente aos garimpos, que removem expressivas quantidades de sedimentos dos leitos dos cursos fluviais. Especialmente a partir da década de 1960, quando se iniciou o efetivo processo de ocupação da região, vastas áreas passaram a ser desmatadas para exploração da madeira, plantio de pastagens e produção agrícola. A expansão da fronteira agrícola vem acompanhada pelo aumento do consumo de água, construção de açudes e represas nas fazendas e o assoreamento das vias fluviais e de escoamento das águas. Além do mais, expressivas porções do território regional foram inundadas para a construção de hidrelétricas. Essa caótica forma de apropriação dos recursos ambientais regionais vem causando danos significativos ao ecossistema aquático da Amazônia.

A crise hídrica dos anos 2020

Nas últimas três décadas o Brasil perdeu 1,5 milhão de hectares de superfície de água e, de todos os biomas brasileiros, o Pantanal foi o mais afetado. Segundo dados do relatório do MapBiomas, os anos de 2013 a 2021 figuram entre os 10 anos mais secos no país, tornando a última década a mais seca da série histórica.

Em 2021, o Brasil registrou a pior crise hídrica dos últimos 91 anos. A falta de chuvas registrada nos últimos tempos levou muitos reservatórios de hidrelétricas da região Sudeste e do Centro-Oeste a um nível muito baixo, próximo do mínimo necessário para a geração de energia elétrica. A situação mais crítica está nessas duas regiões que, naquele momento, contavam com apenas 20% de sua capacidade de geração de energia. Devemos lembrar que a Região Sudeste concentra o maior número de hidrelétricas e volume de geração de energia do país.

Estavam em estado de alerta para a escassez de água os estados localizados na bacia do Rio Paraná: São Paulo, Minas Gerais, Goiás, Mato Grosso do Sul e Paraná. Para muitos especialistas, o desmatamento da Amazônia é um dos fatores que vem influenciando negativamente o ritmo das chuvas principalmente no Sudeste.

Diante da estiagem prolongada, e do baixo nível dos reservatórios, as termoelétricas foram acionadas para aumentar a geração de energia. Essas usinas movidas a carvão (grande parte delas) e diesel são responsáveis por grande quantidade de emissão de gases de efeito estufa e outros poluentes, além de terem um custo operacional mais alto. Dessa forma, esses custos são repassados nas contas de luz ao consumidor, que ficam mais caras, com a utilização da bandeira vermelha. Num cenário mais dramático, teme-se o racionamento de água e de luz.

O governo federal fez um apelo para que as pessoas diminuíssem o consumo doméstico, evitando assim o colapso no fornecimento de energia. Propôs também um programa de redução voluntária no consumo de energia elétrica que acompanharia uma redução no preço final do custo da luz. Cabe recordar que os maiores consumidores de energia não são as famílias brasileiras, mas a indústria. Em 2019, o setor industrial consumiu 36% da energia produzida, superando a parcela correspondente ao setor doméstico (29%). Nesse mesmo ano, o setor mineiro-siderúrgico, que responde por 3% do PIB, consumiu 11% da energia nacional.

© Rodrigo Feistauer/Moment/Getty Images

Usina hidrelétrica no rio Jacuí, na cidade de Estrela Velha, Rio Grande do Sul.

A falta de chuvas não prejudica apenas a geração de energia. Afeta a agropecuária, os custos industriais e de geração de energia, pressiona a inflação e, no fim, todos pagam mais caro pelos bens e serviços que consomem.

O ano de 2022 trouxe um breve fôlego: a superfície de água no Brasil ficou 1,5% acima da média da série histórica, com uma recuperação de 1,7 milhão de hectares ou 10% em relação a 2021. A superfície de água anual do Pantanal também aumentou neste ano, pela primeira vez desde 2018. Mesmo assim, este bioma ainda sofre com a seca: a superfície de água ainda está 60,1% menor do que a média da série história.

O aquecimento global e os **biomas brasileiros**

O relatório elaborado pelo Painel Intergovernamental de Mudanças Climáticas (IPCC, na sigla em inglês), de 2014, analisou os impactos e vulnerabilidades provocados pelo clima nas diversas regiões do mundo. Tomando como objeto de análise a América Latina, o relatório mostra como o aquecimento global afeta as diferentes regiões dessa parte do mundo. O IPCC usou para suas conclusões uma divisão geográfica própria, identificando sete subáreas: América Central e Costa Noroeste, Amazônia, Andes Tropicais, Andes Centrais, Patagônia, Nordeste do Brasil e Sudeste Sul-Americano.

América Latina: divisão proposta pelo IPCC.

Fonte: *Folha de S.Paulo*, 2 abr. 2014, p. C9.

Entre as principais mudanças observadas, o relatório concluiu que é esperado um aumento das temperaturas em todas as sete áreas. No que se refere às precipitações, foram identificadas três situações: redução das chuvas em algumas delas, como no Nordeste do Brasil, aumento em outras (Sudeste Sul-Americano) e alterações sazonais como as previstas para a Amazônia. Além disso, o IPCC alerta que a cobertura vegetal original deverá diminuir de forma significativa em praticamente todas as regiões, ao mesmo tempo que haverá expressivo incremento das terras cultiváveis.

Mas, para se ter uma visão mais aprofundada dos impactos do aquecimento global num país de dimensões continentais como o Brasil, é necessário que sejam identificados os biomas que o compõem, para analisá-los com mais detalhes em relação aos relatados para a América Latina. É sobre esses seis biomas – Amazônia, Cerrado, Caatinga, Pantanal, Mata Atlântica e Pampa – que cerca de 350 cientistas do Painel Brasileiro de Mudanças Climáticas (PBMC) têm se debruçado para avaliar os impactos ambientais, sociais e econômicos do aquecimento global no país.

Vários estudos internacionais e nacionais apontaram para o fato de que nos últimos 50 anos as temperaturas médias no país tiveram um incremento de cerca de 1,0 °C e que o Brasil vem aumentando suas emissões de gases do efeito estufa, situação que, segundo as previsões, deverá crescer nos próximos anos. Vale destacar que a destruição das florestas, especialmente a Amazônica, foi, num passado recente, o principal fator do aumento das emissões de gases do efeito estufa. Atualmente, quase 20% do bioma já foi destruído e cerca de metade da área remanescente está sob algum tipo de pressão antrópica.

A ocorrência de eventos climáticos extremos, como secas recorrentes e prolongadas no bioma Nordeste, chuvas de intensidade inusitada e de resultados catastróficos para populações em áreas de risco na região Sudeste e, em 2014, a cheia devastadora no rio Madeira (em Rondônia) e a maior estiagem em mais de 80 anos na Grande São Paulo, são, para muitos especialistas, indícios de que essas ocorrências têm relação com as mudanças climáticas globais.

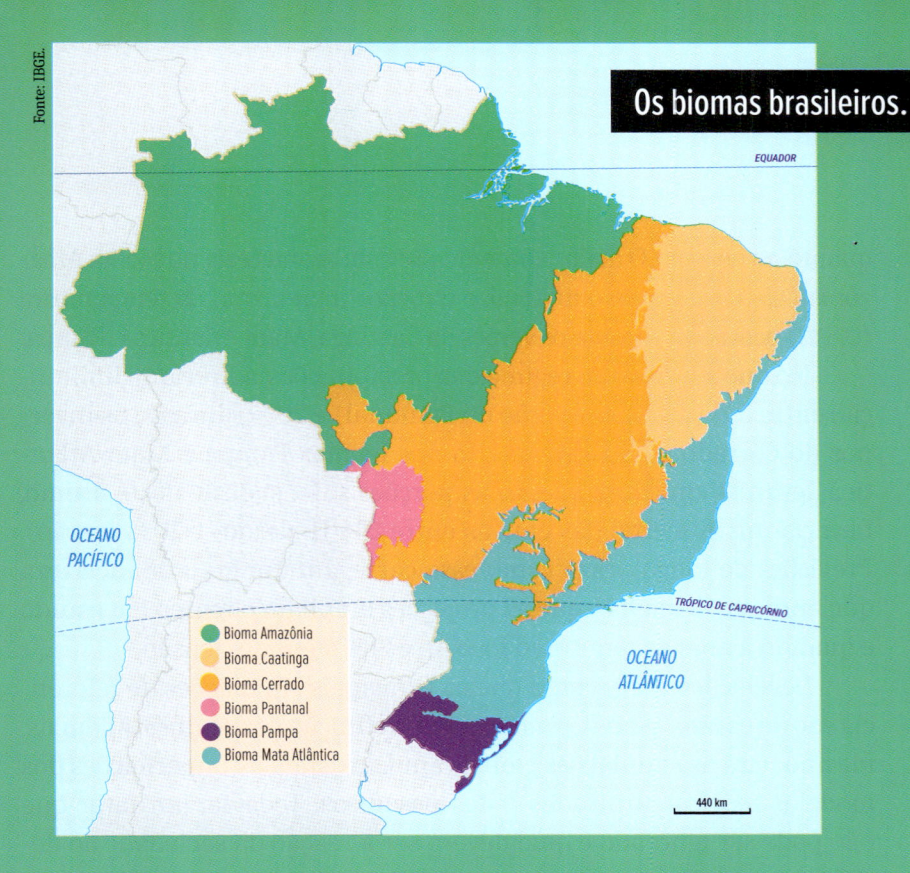

Fonte: IBGE.

Os biomas brasileiros.

EQUADOR

OCEANO
PACÍFICO

TRÓPICO DE CAPRICÓRNIO

OCEANO
ATLÂNTICO

- ● Bioma Amazônia
- ● Bioma Caatinga
- ● Bioma Cerrado
- ● Bioma Pantanal
- ● Bioma Pampa
- ● Bioma Mata Atlântica

440 km

Segundo o PBMC, a mudança de maior impacto prevista com o aumento das temperaturas estará ligada à alteração nos padrões de chuvas. Nas regiões Sul e Sudeste, que sofrem com enchentes e deslizamentos, especialmente no verão, as chuvas tenderão a ser mais fortes e frequentes. Já no bioma Caatinga, a tendência é oposta. A região mais castigada pela seca enfrentará expressiva redução da quantidade de chuvas, e as secas, que já são comuns, ficarão mais frequentes.

É importante ressaltar a gravidade da intensificação de eventos climáticos extremos. Um aumento da média de chuva no Sudeste não significa que a região não terá maiores problemas com secas em decorrência das mudanças climáticas. A seca no Sudeste será um evento excepcional, mas esses eventos excepcionais se tornarão cada vez mais comuns. Em outras palavras, a tendência é que eventos climáticos extremos sejam cada vez menos excepcionais.

As previsões feitas até agora, tendo como referência os diferentes biomas e utilizando como horizonte o ano de 2040, têm apontado que as temperaturas deverão apresentar aumento em todos eles, tanto no verão

149

quanto no inverno. O maior aumento previsto aconteceria no bioma Amazônia (1,5 °C), durante o inverno, e o menor incremento da temperatura (0,5 °C) ocorreria durante os verões da Caatinga, Mata Atlântica e Pampa.

No que se refere ao regime das precipitações, sofreriam diminuição entre 5% (durante o verão do Pantanal) e 20% (durante os invernos do Cerrado e da Caatinga). Já nos biomas Pampa e Mata Atlântica, levando em conta apenas as porções sul e sudeste deste último, haveria um aumento das chuvas entre 5% (inverno) e 10% (verão). Previsões de longo prazo como essa carregam um grau de incerteza que aumenta à medida que as projeções ampliam o tempo em estudo e quando a análise tem como foco áreas de menor extensão.

Deve-se levar em conta que as principais simulações de referência são de caráter global, com pequena definição de detalhes. Ademais, mesmo para as simulações globais ainda existem as imperfeições dos modelos teóricos utilizados e das pesquisas. Todavia, um fator que não pode ser ignorado é qual deverá ser a reação da sociedade ao desafio de controlar o aquecimento global, reação que não se sabe se vai ocorrer na extensão e profundidade necessárias.

Também persistem dúvidas quanto à maneira como vão se manifestar localmente as mudanças nas chuvas. Os modelos teóricos que fazem as projeções utilizam diferentes variáveis em seus cálculos, tentando cobrir uma ampla gama de tendências possíveis, mas há um consenso de que devem ocorrer mudanças importantes com consequências negativas em larga escala se o aquecimento superar 2 °C. Imagine-se o efeito disso sobre o bioma do Cerrado, onde se produz a parcela mais importante do agronegócio do Brasil.

Várias consequências já estão sendo sentidas e gerando significativo prejuízo. Por conseguinte, não é difícil prever que um regime de chuvas ainda mais conturbado, com excesso de água em algumas regiões e escassez em outras, impactará não somente o meio ambiente em si, mas também o abastecimento da população, a produção de alimentos e a energia, o que desencadeará uma série de outros efeitos indiretos sobre a segurança e a saúde públicas, sobre a cultura e outros setores, comprometendo as perspectivas de crescimento futuro.

O Centro-Oeste e **Matopiba**

Nas últimas cinco décadas, o território brasileiro passou por grandes transformações, combinando a interiorização da economia, da população, um intenso processo de metropolização e a formação de novas centralidades urbanas. A interiorização do desenvolvimento brasileiro é um dos mais importantes movimentos de reorganização do território, contribuindo para a gradativa desconcentração regional da economia. Um exemplo disso é o que vem acontecendo no Centro-Oeste, especialmente nas regiões de cerrado e de matas do norte de Mato Grosso, locais por excelência da expansão da moderna agropecuária em áreas de frentes pioneiras. A região tem sido o berço da maior revolução agropecuária do mundo nas últimas décadas, o que, por outro lado, traz riscos para o equilíbrio ecológico desse delicado bioma.

O Centro-Oeste é a segunda maior região brasileira e ocupa quase 19% do território nacional. A população da região sempre cresceu em números absolutos, mas seu ritmo acelerou após 1950. Atualmente seu efetivo demográfico é de aproximadamente 16,5 milhões de habitantes, sendo, no entanto, a menos populosa do país. No que se refere à geração de riquezas, a região contribuiu com cerca de 10,5 % do PIB nacional. Nas últimas duas décadas o ritmo de crescimento do PIB da região tem sido superior ao da média do país e ela tem se destacado como o núcleo mais dinâmico do agronegócio do Brasil. Em 2020, enquanto o PIB nacional caiu 4,1%, o Centro-Oeste cresceu em virtude da safra recorde de grãos e o alto preço das *commodities* no mercado internacional, em especial de soja e carnes. A atividade agropecuária aumentou 2%, puxada pela safra recorde de soja e pelas exportações para a China.

Os grandes investimentos feitos pelo governo federal em obras de infraestrutura nas décadas de 1970, 1980 e 1990 e os avanços das técnicas agrícolas desenvolvidas pela Empresa Brasileira de Pesquisas Agropecuárias (Embrapa) viabilizaram o aproveitamento do grande potencial agrícola do bioma cerrado, tornando o ambiente favorável para a expansão da agropecuária em áreas de baixa densidade demográfica e de terras baratas ocupadas por agricultores empreendedores e com capacitação técnica.

A partir dos anos 1980, o Centro-Oeste foi gradativamente se consolidando como área produtora de gêneros primários para o abastecimento interno e para exportação, sendo a maior região produtora de grãos e possuindo o maior rebanho bovino do país. Inicialmente, o desenvolvimento das atividades agropecuárias ocorreu com base no binômio soja-boi. Com o tempo houve a intensificação e diversificação agrícola com o crescimento da produção de milho, arroz, algodão, café, cana-de-açúcar e eucalipto. Ocorreram também grandes avanços na pecuária leiteira, suinicultura e avicultura. Atualmente, mais de uma dezena de atividades disputam o uso da terra, formando um sistema integrado de produção de alimentos, rações, fibras e bioenergia com alto nível de integração agroindustrial.

Apesar dos resultados econômicos auspiciosos, ocorreram desdobramentos negativos, como as questões envolvendo cumprimento das leis de demarcação de terras indígenas e o acirramento dos conflitos por sua posse entre proprietários, grileiros e posseiros. Ressalte-se também que o intenso e rápido processo de ocupação e valorização econômica do espaço regional vem causando grandes danos ao meio ambiente.

Três grandes domínios naturais abrangem mais de 90% do território regional: o dos cerrados, as formações florestais – com destaque para as florestas úmidas encontradas na porção norte de Mato Grosso – e o Pantanal. Como a vegetação original foi reduzida drasticamente por força da ação do homem, o que encontramos atualmente são sistemas ambientais naturais onde a ação antrópica não ocorreu ou ainda é de pequena monta e aqueles nos quais o meio ambiente foi profundamente alterado.

A ação antrópica afetou as áreas com vegetação florestal – matas ciliares e floresta amazônica –, além de trechos do Pantanal, mas impactou sobremaneira as áreas recobertas por cerrados, formação vegetal mais extensa e característica da região. O segundo bioma brasileiro mais extenso e um dos mais ricos em diversidade de plantas e animais está ameaçado. Entre 1985 e 2020, o cerrado perdeu quase 20% do que restava de sua vegetação original, para dar lugar ao gado e ao agronegócio. A eliminação da vegetação nativa se acelerou no século XXI, consumindo 0,5% de sua área ao ano, um ritmo duas vezes superior ao observado na Amazônia. Este bioma também sofre os efeitos do aquecimento global: nos meses de estiagem, o cerrado está até 4 ºC mais quente do que nos anos 1960, além de mais seco.

Sistemas ambientais naturais e a ação antrópica.

Fonte: Adaptado de ROSS, Jurandyr L. *Ecogeografia do Brasil*: subsídios para planejamento ambiental. São Paulo: Oficina de Textos, 2006. p. 8.

Durante muito tempo acreditou-se que as terras do cerrado eram impróprias para o uso agrícola, pelo fato de o seu solo ser muito ácido e pobre em nutrientes, o que dificultava o desenvolvimento das plantas. Com a descoberta e a aplicação da técnica de calagem, que consiste em adicionar calcário para reduzir sua acidez, os solos do cerrado passaram a ser utilizados intensivamente para a produção de grãos, especialmente soja, arroz e milho. Por isso, atualmente as tradicionais fazendas de criação de gado convivem, em áreas do cerrado, com modernas empresas rurais dedicadas à agricultura.

As terras recobertas pelo cerrado tiveram uma valorização econômica bem peculiar, pois foram ocupadas por pecuaristas e agricultores oriundos do Sul do Brasil, mais afeitos à agricultura mecanizada e ao uso intensivo de insumos agrícolas, como herbicidas, pesticidas e adubos, produtos que podem causar graves impactos nos recursos hídricos superficiais e subterrâneos.

Atualmente, mais de três quartos das áreas de cerrado do Centro-Oeste já funcionam como pastagens plantadas ou são dedicadas à agricultura altamente mecanizada. As antigas áreas de pecuária extensiva e de pequena agricultura comercial e de subsistência foram praticamente substituídas pela moderna pecuária e por extensas áreas de monoculturas, nas quais o uso de avançadas técnicas agrícolas colocou o Brasil entre os maiores produtores mundiais de grãos, especialmente a soja. A região é responsável por mais de 60% da produção nacional dessa oleaginosa, com destaque para Mato Grosso, que produz quase 30% da produção nacional e algo como 9% da mundial, com expectativa de alto crescimento para os próximos anos.

A enorme importância brasileira no setor foi alcançada pela combinação entre condições naturais favoráveis (clima, água, relevo e solos), uso intensivo de modernas tecnologias, terras disponíveis para cultivo, inclusive as resultantes de recuperação de áreas de pastagem degradadas. Recentemente, a derrubada da floresta deixou de ser o principal vetor da expansão das plantações de soja, sendo substituído pelo uso de terras degradadas. Estima-se que o Brasil disponha de 60 milhões de hectares de terras degradadas que poderiam ser usadas pela agricultura. Nenhum dos outros grandes produtores mundiais têm o mesmo potencial em extensão de terras para uso agrícola. Além disso, empresários brasileiros têm investido em terras dos países vizinhos, como no Paraguai e na Bolívia.

É voz corrente entre os empresários do agronegócio que a produção agropecuária poderia ser ainda maior caso tivessem sido resolvidos ou equacionados alguns dos principais "gargalos", especialmente os ligados à precária e irracional logística de escoamento da produção – por exemplo, parte do milho e da soja produzidos na região são exportados pelo porto de Santos – e os sistemas de armazenamento das safras.

No final do século XX, uma nova fronteira agrícola foi sendo desbravada em áreas de Cerrado. Sua consolidação verifica-se ao longo dos últimos anos, envolvendo o sul do Maranhão, a parte meridional do Piauí, leste e sul de Tocantins e oeste da Bahia.

O Ministério da Agricultura denominou essa região como faixa de Matopiba, expressão que junta as duas primeiras letras do nome de cada um desses quatro estados. A ocupação teve início nos anos de 1980, mas se acentuou em meados da década de 2000. A região está grandemente ocupada por plantações monocultoras mecanizadas, voltadas para a exportação, principalmente de soja. Hoje essa região é uma das principais produtoras de soja do país, respondendo por quase 15% da produção nacional.

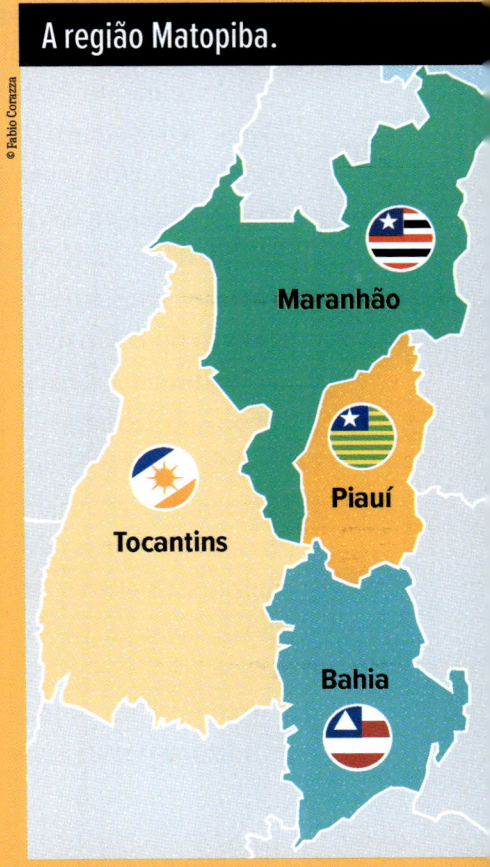

A região Matopiba.

Maranhão

Piauí

Tocantins

Bahia

Fonte: Embrapa.

Brasil: comércio exterior e a importância do agronegócio

A dinâmica do comércio exterior brasileiro, nas décadas recentes, apresentou importantes mudanças, com grande impacto sobre o volume e os valores das importações e exportações, superávits e déficits da balança comercial, diversificação das parcerias comerciais e, finalmente, sobre a intensidade tecnológica dos produtos constantes do "cardápio" dos intercâmbios externos.

Ao longo da primeira década do século XXI, o país consolidou-se como um dos principais atores nas exportações de diversos segmentos (soja, minério de ferro, açúcar, café e carnes), ampliou o leque de produtos exportados e diversificou seus parceiros comerciais. Os valores das exportações mais que triplicaram. O Brasil também se tornou um ator importante nas negociações realizadas no âmbito da Organização Mundial do Comércio (OMC). Tais resultados foram consequência de uma combinação de fatores, com destaque para o crescimento extraordinário do consumo mundial, puxado pelos países emergentes, especialmente a China, que ampliou a participação das matérias-primas agrícolas e minerais (*commodities*) na pauta global de exportações.

Como decorrência, o comércio exterior ganhou maior destaque na economia brasileira, reforçando o seu papel como fonte de divisas para o país. Se, na década de 1990, a participação das exportações no conjunto do PIB variava entre 6% e 9%, na primeira década do novo século essa participação ficou entre 10% e 15%. Mesmo assim, o comércio mundial cresceu em ritmo igual ou maior do que os intercâmbios brasileiros. Por isso, a participação do Brasil no total do comércio mundial continuou pequena, nunca ultrapassando o patamar de 1,5%.

A balança comercial reflete uma mudança significativa. O Brasil passou praticamente toda a década de 1990 experimentando saldos comerciais negativos. As políticas associadas ao Plano Real, como a valorização cambial e a liberalização comercial, inundaram o país de mercadorias importadas, o que prejudicou a produção nacional e as exportações, resultando em sucessivos déficits comerciais. Entre 2001 e 2006 o Brasil voltou a registar superávits, o que é explicado pela elevação no preço internacional das *commodities* no contexto da expansão chinesa. Todavia, o ritmo começou a arrefecer a partir de 2007, recuperando-se um pouco em 2009 e voltando a cair em 2010. A partir de 2014, a queda no preço das *commodities* influenciou negativamente a balança comercial brasileira, tendência revertida dois anos depois. Esta instabilidade expressa a vulnerabilidade da economia nacional às oscilações do mercado internacional de produtos primários. Em 2020, a pandemia de Covid-19 foi responsável pela queda nos resultados da nossa balança comercial. Observe o gráfico da nossa corrente de comércio (p. 158), que corresponde à soma das importações e exportações de 2011 a 2020.

Nesse período, o Brasil também diversificou seus parceiros comerciais, principalmente junto ao mundo em desenvolvimento, com destaque para a Ásia e o Oriente Médio, e reduziu sua dependência dos parceiros tradicionais (Estados Unidos e União Europeia). No início da década, os Estados Unidos eram os maiores compradores dos produtos brasileiros (22% do total) e também nossos maiores fornecedores (24%). Com o tempo, essa participação foi diminuindo e, em 2009, pela primeira vez, os Estados Unidos foram desbancados pela China.

Em 2020, 31,7% das exportações brasileiras tiveram como destino a China, e 10,2% se dirigiram aos Estados Unidos. A China também se tornou a principal fonte de importações para o Brasil, embora, neste caso, a distância em relação aos Estados Unidos seja menor. Todavia, há uma diferença importante: enquanto obtinha superávits com a China – que começaram a se mostrar cada vez menores –, o Brasil registrava saldos negativos constantes no comércio bilateral com os Estados Unidos.

CORRENTE DE COMÉRCIO BRASILEIRA (2011 a 2020)

Exportações · Importações · Corrente de Comércio

Fonte: Fazcomex.

O predomínio das *commodities*

Quanto à pauta de produtos do comércio exterior, registrou-se grande diversificação. Apesar de exportar produtos de tecnologia avançada, como aeronaves, automóveis e veículos de carga, o Brasil sofreu o que analistas denominam de "primarização" das exportações, com participação crescente das matérias-primas minerais e agrícolas, em detrimento dos manufaturados. Em 2021, as *commodities* representavam cerca de 70% do total de nossas exportações, reforçando a importância do "efeito China" em nosso comércio exterior, como maior importadora das *commodities* brasileiras.

O agronegócio foi responsável por 47,6% do total das exportações brasileiras em 2022. Segundo dados do governo brasileiro, os cinco principais setores exportadores do agronegócio foram o complexo soja (42,2%), carnes (16,6%), produtos florestais (9,8%), cereais, farinhas e preparações (9,0%) e o complexo sucroalcooleiro (também participação de 9,0%). Juntos, esses setores foram responsáveis por 86,6% das exportações do agronegócio em 2022.

Se nos tornamos o "celeiro do mundo", como se dizia no tempo de Getúlio Vargas, nossas importações mostram que compramos muitos produtos com valor agregado alto. Embora autossuficientes em petróleo, entre os principais itens da nossa pauta de importação está o óleo diesel, derivado do petróleo, visto que nossa capacidade de refinamento não atende à demanda interna. Importamos insumos e, também, maquinário com alta tecnologia, o que significa altos preços no mercado internacional. Segundo dados de 2022, nosso maior fornecedor nas importações é a China, seguido por Estados Unidos e Argentina.

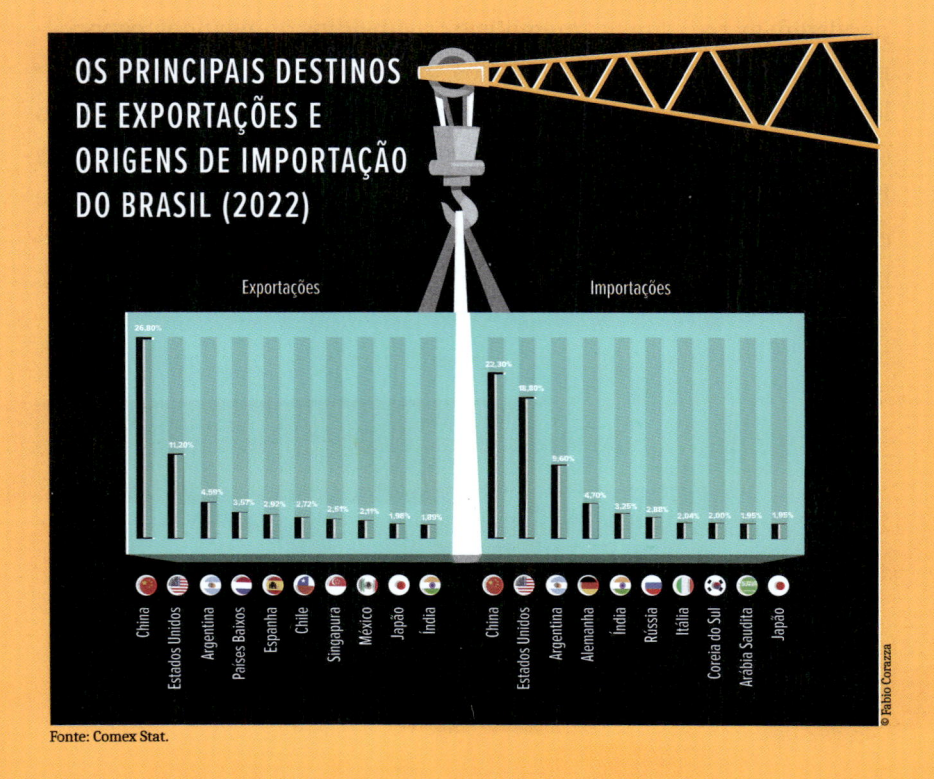

Fonte: Comex Stat.

Para ampliar suas exportações, o Brasil precisa superar enormes desafios, especialmente no que tange aos investimentos na infraestrutura viária e energética, assim como modificar seu sistema tributário. Não parece lógico que a soja plantada em Mato Grosso e Goiás, por exemplo, tenha de ser exportada pelo porto de Santos, em São Paulo. Por outro lado, projetos de infraestrutura podem ser adversos para o meio ambiente e para populações nativas, como foi o caso da usina hidrelétrica de Belo Monte. Rodovias e ferrovias facilitam o escoamento da soja, mas a expansão da fronteira agropecuária agrava desequilíbrios ambientais e ameaça a Amazônia. De modo análogo, grandes projetos de mineração geram divisas para o país, mas podem causar danos irreparáveis, como aconteceu em Mariana (2015) e Brumadinho (2019).

No âmbito externo, além das recentes opções erráticas da política externa e da paralisia vivida pelo Mercosul, não se deve esquecer que persistem as barreiras comerciais e os subsídios domésticos, especialmente nos mercados desenvolvidos, que continuam criando obstáculos à expansão das vendas e conquista de novos mercados. A remoção destas barreiras e subsídios favoreceria a exportação de *commodities* brasileiras, dando um fôlego econômico ao país. Mas será que este caminho não aprofundará a primarização econômica, agravando problemas socioambientais?